中国に現存する万人坑と強制労働の現場

ガイドブック・初めて知る万人坑

青木茂 AOKI Sigeru

花伝社

まえがき

日本中国友好協会(注)が毎月二回定期発行する日中友好新聞に、「中国本土に現存する万人坑《まんにんこう》と強制労働現場を訪ねる」という標題で、二〇二一年一月から一二月まで二四回連載した。そして、その第一回（一月一日付）で、日中一五年戦争時の「中国本土（大陸）における強制労働と万人坑」の大枠を紹介した。

それで、日中友好新聞の連載では、各回とも本文七五〇文字程度という制約があったので簡便な紹介しかできていないが、その第一回の記事を次に示しておく。

中国本土（大陸）における強制労働と万人坑

日中一五年戦争による中国人の死傷者は中国の統計によると三五〇〇万人であり、そのうち死者は二一〇〇万人になる。一方、日中一五年戦争時に主に日本の民間企業により中国本土（大陸）で強制労働させられた中国人被害者は約四〇〇〇万人にもなり、そのうち約一〇〇〇万人が過酷な強制労働により死亡したと推定される。そうすると、日中一五年戦争による二一〇〇万人の中国人犠牲者のほぼ半数は、日本軍による武器（武力）を用いる直接的な殺害ではなく、直接には武器を用いない日本の民間企業の強制労働により命を奪われたことになる。

そのような、日本の民間企業による強制労働が生み出した約一〇〇〇万人もの中国人犠牲者の遺体は、それぞれの強制労働現場（事業所）に近い人目につかない山野などに捨てられ、膨大な数の「人捨て場」が中国全土に作られた。そのような「人捨て場」は、戦後七六年になる二一世紀の今も中国各地に数えきれないほど現存しており、その「人捨て場」を中国の人々は万人坑と呼んでいる。

さて、今回から始める連載「中国本土に現存する万人坑と強制労働現場を訪ねる」では、標題に示す通り、私が実際に訪れ自身の目や耳で確認した、二一世紀の今も中国の全土に現存している万人坑と強制労働の現場を順々に紹介してゆく。

この連載を通して、万人坑に秘められた、あるいは万人坑が告発している、中国本土における中国人強制連行・強制労働に関わる日本の侵略責任に、読者のみなさんと歴史学の専門家・研究者から関心を寄せてもらうことができれば嬉しい。そして、みなさんといっしょに、再び侵略することのない国に日本を変えていきたいと思う。

この第一回に続けて、第二回からは毎回一カ所、合わせて二三カ所の万人坑と強制労働の現場を紹介し、日中友好新聞での全二四回の連載を二〇二一年一二月に終えた。

それで、本書はその連載をまとめるものだが、日中友好新聞で紹介していない五カ所を加え、合わせて二八カ所の万人坑と強制労働の現場の紹介を収録している。また、中国本土における強制連行・強制労働と万人坑について簡略にまとめた解説を第二部として追記し、本書を講読していただく皆さんに本件に対する理解を深めてもらえるようにしている。

日本国内に連行されてきた約四万人の中国人被害者に関わる日本国内（内地）の強制連行・強制労働に比べると被害規模が桁違い（三桁違い！）に大きい中国本土（大陸）における強制連行・強制労働について、本書を通して認識が広まることを期待している。

（注）会長は井上久士さん。東京都台東区浅草橋五―二―三　鈴和ビル五階
電話＝〇三―五八三九―二一四〇

中国に現存する万人坑と強制労働の現場——ガイドブック・初めて知る万人坑◆目次

第一部　中国本土に現存する万人坑と強制労働の現場

第一部では、中国本土に数えきれないほど現存している万人坑と強制労働の現場のうち、私が訪中し現地で実際に確認した二八カ所について紹介する。

その中には、何度も訪れた現場もあれば、一度しか現認していないところもある。そして、それぞれの万人坑と強制労働の現場について、私が最後に訪れ現認した時点における状況を紹介している。そのため、本書が発行される時点までに状況が変化していることもあるかと思われるが、そこは御容赦願いたい。

それで、本書に掲載している写真のうち撮影者名や提供者名を記していないものは、私（青木）が現地で撮影したものである。また、撮影者として名前を記している宗景正さんは、私といっしょに万人坑を訪れ調査した仲間である。

あと、写真提供者などとして度々名前（写真も）を記す李秉剛《リビンガン》さんは、遼寧政治経済学院教授や中国共産党遼寧省委員会幹部学校教授などを歴任している著名な歴史研究者である。そして、私が現認した万人坑のうちの多くは李秉剛さんに同行・案内してもらっている。私にとっては、言わば恩師とも言える存在である。

それでは、中国本土に現存する万人坑と強制労働の現場を、本書を通していっしょに訪ねましょう。

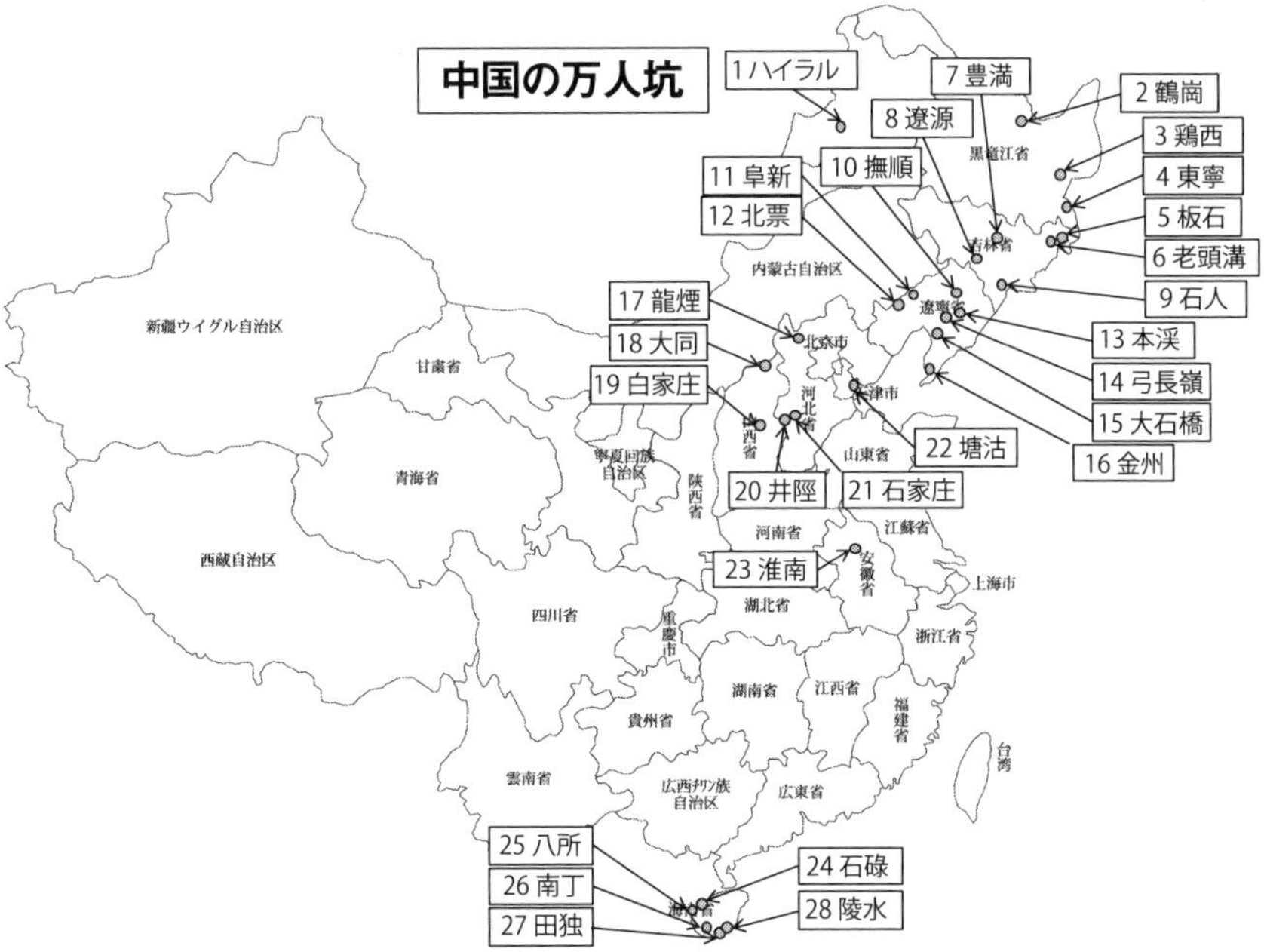
中国の万人坑
1 ハイラル
2 鶴崗
3 鶏西
4 東寧
5 板石
6 老頭溝
7 豊満
8 遼源
9 石人
10 撫順
11 阜新
12 北票
13 本渓
14 弓長嶺
15 大石橋
16 金州
17 龍煙
18 大同
19 白家庄
20 井陘
21 石家庄
22 塘沽
23 淮南
24 石碌
25 八所
26 南丁
27 田独
28 陵水
黒龍江省
吉林省
遼寧省
内蒙古自治区
新疆ウイグル自治区
甘粛省
青海省
西藏自治区
寧夏回族自治区
陝西省
山西省
河北省
北京市
天津市
山東省
河南省
江蘇省
安徽省
上海市
湖北省
浙江省
四川省
重慶市
湖南省
江西省
福建省
貴州省
雲南省
広西チワン族自治区
広東省
台湾

ロシア
カザフスタン
モンゴル
キルギス
黒竜江
吉林
内蒙古自治区
遼寧
新疆ウイグル自治区
河北
北京
天津
北朝鮮
韓国
寧夏回族自治区
山西
山東
青海
甘粛
陝西
河南
江蘇
チベット自治区
安徽
上海
ネパール
四川
重慶
湖北
浙江
ブータン
湖南
江西
福建
貴州
インド
バングラデシュ
雲南
広西壮族自治区
広東
台湾
マカオ
香港
ミャンマー
ベトナム
ラオス
海南

1　ハイラル要塞万人坑

内蒙古自治区ホロンバイル市　死者二万人

一九三二年に「満州国」を「建国」した日本は、ソ連（現在のロシアの前身）との国境沿いで、十数カ所もの巨大な要塞群の構築を始める。そして、関連施設も含む建設工事に三二〇万人余の中国人を徴用し、過酷な労働で一〇〇万人余を死亡させた。

それで、「満州国」の西端に位置するホロンバイルは、東進してくるソ連軍に対峙する戦略上の要地であり、ハイラルに要塞が構築されている。

そのハイラル要塞の建設工事は一九三四年六月に開始され、敖包山《ごうほうさん》・河南台など五カ所の主要陣地と多数の野戦陣地が構築された。そして、第八国境守備隊の司令部になる河南台にも、地上施設と併せ、地下十数メートルの位置に大規模な地下陣地が構築された。その面積は一万平方メートルにもなり、五五の部屋が総延長四二〇〇メートルの通路で繋がれている。

この建設工事に二万人以上を動員するため、勤労奉仕という名目で近隣の村々に要員を供出させ、遠方からも、だましたり強制連行で農民らを徴用したほか、捕虜も動員された。

ハイラルに集められた中国人は、衣食住とも劣悪な条件下で過酷な労働を強制され、飢え・過労・病気・事故・虐待などで次々に死亡する。なんとか生きながらえた者も、工事が終わると、軍事機密を守るため集団虐殺された。そして、犠牲者の遺体は沙山の沙漠に捨てられ、人捨て場（万人坑）が残された。

さて、沙山万人坑は、二〇〇〇年代の初頭までは、保護柵も記念碑も何もないまま放置されていて、犠牲者の遺骨が至る所に転がっていた。しかし現在は、柵で囲まれて保全され、巨大な追悼碑が建立されている。また、河南台では、要塞整備と資料館の建設などが二〇〇八年に完了し、ハイラル記念館として公開されている。

ハイラル要塞沙山万人坑（2012年8月24日撮影）

2000年代の初頭まで野ざらしに放置されていた沙山万人坑は、2008年頃に柵で囲まれて保全され、自然の岩を模した巨大な追悼碑が建立された。

徐占江さん／ハイラル要塞河南台陣地（2012年8月24日撮影）

ハルピン市社会科学院ノモンハン戦争研究所・所長と同院侵華日軍要塞研究所・所長を兼務する徐占江さんは、ハイラル記念館整備事業を責任者として推進し2008年に竣工させた。

河合利政さん／ハイラル要塞沙山万人坑（2000年5月4日撮影）

2000年当時、野ざらしに放置されている沙山万人坑では、強風が吹き荒れるたびに新たな遺骨が地表に姿を現した。膨大な遺骨に呆然としている河合利政さんは真宗大谷派の僧侶。

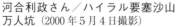

2　鶴崗炭鉱万人坑

黒龍江省鶴崗市　死者六万人

一九三二年三月に「満州国」を「建国」した日本は同年八月に鶴崗を占領し、鶴崗炭鉱の石炭略奪が始まる。一九三七年には満州産業開発五箇年計画が開始され、鶴崗炭鉱でも規模拡大が進み、興山・東山・南岡の採炭所が稼働する。さらに、アジア太平洋戦争突入（一九四一年）後も採炭現場を次々に増やし、五〇〇カ所の作業所が設けられた。

そして、大量の労働力を確保するため、華北以南から住民らを強制的に連行したほか、「満州国」内の各地に徴用人数を割り当て、「報国隊」「勤労奉仕隊」「義勇奉仕隊」などの名目で住民を動員する。そのうち、鶴崗の各県から徴用された住民だけでも三万六九五〇人になる。

現場では生産最優先の作業が強制され、中国人労工は、衣食住全てが劣悪な条件の下で長時間の労働を強いられた。そして、飢え・過労・病気・事故などで次々に死亡する。例えば、一九四二年に華北から連行され興山二号炭鉱に配置された一〇〇〇人のうち、生き残ったのは九〇人だけだ。

こうして日本は、敗戦までの一三年間に石炭一三〇〇万トンを略奪し、六万人の労工を死亡させ、遺体を山野に投げ捨てた。

抗日戦争勝利後の一九四六年八月に発足した東山労働組合は、いたるところに散乱している遺骨を収集し、七カ所の溝（墓地）に埋葬している。また、一九六八年に鶴崗市政府は、一万余の遺体が埋められた東山万人坑の一画を調査し、八〇平方メートル・深さ五メートルの範囲で一〇〇〇体余の遺骨を確認した。

今ではもう、六万余の遺骨の全てを確認することはできないが、二カ所の主要な人捨て場（万人坑）が残されている。そのうち東山万人坑には資料館が開設され、万人坑発掘現場が公開されている。

鶴崗東山万人坑保存館（2011年8月23日撮影）

万人坑保存館内の広い展示室の中央に、ガラスで密閉される部屋（写真の左側がその一部）があり、その中に東山万人坑の一画が保存されている。

鶴崗炭鉱東山万人坑（2011年8月23日撮影）

1968年に発掘・調査され、万人坑保存館内に保存されている東山万人坑の一画。ここだけで1000体余の遺骨が確認されている。

東山万人坑の遺骨（2011年8月23日、宗景正さん撮影）

上段右側の万人坑を拡大撮影したもの。膨大な遺骨が折り重なり山積みになっている。

3 鶏西《けいせい》炭鉱万人坑

黒龍江省鶏西市　死者・数万人

一九三二年に「満州国」を「建国」した日本は一九三三年に鶏西《けいせい》炭鉱を支配下に置く。そして、当初は滴道炭鉱株式会社が鶏西炭鉱を経営し、その後、満州炭鉱株式会社の傘下の密山炭鉱株式会社に経営を移管する。

鶏西炭鉱を手に入れた日本は、穆稜《ぼくりょう》・滴道・恒山・麻山・城子河などに採鉱所を拡げ、採炭規模を順次拡大する。また、林口から鶏西を経て密山に至る鉄道が整備され、滴道には発電所も造られた。

それで、鶏西炭鉱でも、労働力を確保するため「満州国」内の各地に「報国隊」や「勤労奉仕隊」を割り当て、住民を強制的に徴用した。また、華北以南の各地から「募集」や強制連行により住民を連行し、中国戦線の捕虜も「特殊労働者」として徴用する。

そして炭鉱経営者は、自前の警察組織や日本軍の監視の下で、労工として集めた中国人に長時間の過酷な労働を強制し、敗戦までの一三年間に一六〇〇万トンの石炭を略奪する。同時に、衣食住とも劣悪な条件下で凄惨な労働を強制された中国人労工は、過労・飢餓・衰弱・病気・事故・虐待などで数万人が命を奪われた。

その膨大な数になる犠牲者の遺体は炭鉱周辺に捨てられ、主要な人捨て場（万人坑）だけでも七カ所が残された。また、死体焼却炉が五基作られ、一九四一年から三年間で四〇〇〇体の遺体が焼却された。

解放後の一九六六年に、滴道炭鉱に残されていた死体焼却炉を保存するため、現場をそっくり覆うように階級教育展覧館が建設され、現在も鶏西炭鉱万人坑記念館として公開されている。一方で、一万体以上の遺体が埋められた滴道炭鉱万人坑に一九七〇年代に開設された遺骨保存館は、建物の屋根が既に完全に崩落し、床には草が生え、四方の壁だけが残る廃墟になっている。

鶏西滴道炭鉱万人坑（2011 年 8 月 21 日撮影）
　鶏西・三井村の集落から山道を 10 分ほど登ったところにある。植林された人工林に囲まれる草原一帯が、遺体が埋められた万人坑だ。

滴道炭鉱万人坑・遺骨保存館（2011 年 8 月 21 日撮影）
　1970 年代に万人坑現地に開設されたが（上の写真に写っている）、屋根は崩落し四方の壁だけが残る廃墟になっている。

死体焼却炉（2011 年 8 月 21 日撮影）
　鶏西炭鉱万人坑記念館内に保存されている、鶏西に唯一現存する死体焼却炉。

4　東寧要塞万人坑

黒龍江省綏芬河《すいふんが》市東寧県　死者・数万人

一九三二年に「満州国」を「建国」し東北全土を占領した日本は、国境警備とソ連（現在のロシアの前身）との戦争への備えを強化するため、十数カ所もの巨大な要塞群の構築を一九三四年から中ソ国境沿いで始める。同時に、鉄道や道路など関連施設の整備も進めた。そして、これらの建設工事のため三二〇万人余の中国人を徴用し、一〇〇万人余を死亡させている。

それで、ソ連極東地区と国境を接する東寧でも一九三四年六月に要塞建設が始められた。東寧要塞の特徴は、通常の地上陣地に加え、アジア最大と言われる地下要塞が併設されることであり、構築範囲は、中ソ国境沿いに五〇キロにおよぶ。そして、一七万人余の中国人が労工として東寧に集められた。その中に、「満州国」内で徴用された者のほか、華北以南から連行されてきた者や、捕虜や犯罪者など「特殊労働者」も含まれている。

東寧要塞構築に関わる建設工事は日本の敗戦まで続けられ、中国人労工は、劣悪な生存条件の下で過酷な労働を強制された。そして、要塞本体の建設に直接関わった者は最後に全員が虐殺されるなど、数万人の労工が死亡したと考えられている。

犠牲者の遺体のほとんどは荒野に捨てられ数多くの人捨て場（万人坑）が形成されたが、いつの間にか万人坑も遺骨の行方も分からなくなっている。

そういう中で、東寧の中心街に近い大肚川鎮老城子溝村に、四〇〇〇人以上の犠牲者が埋められた万人坑・東寧労工墳が完全な状態で残されている。

一九九四年一一月に東寧県文物管理所などが実施した調査では、東寧労工墳にある一〇〇〇基近くの土饅頭の中からいくつかを発掘し、一八体の遺骨を確認した。そのうち四体は、すねから下が両足とも鋭利に切断されていた。それは、逃走に失敗するなどした労工が見せしめのため両足を切断されたのだと考えられている。

東寧労工墳（万人坑）（2011年8月20日撮影）

老城子溝村の近くにある山の中（峠）に残されている人捨て場。遺体を埋めた1000基近くの土饅頭を草原一帯で確認できる。

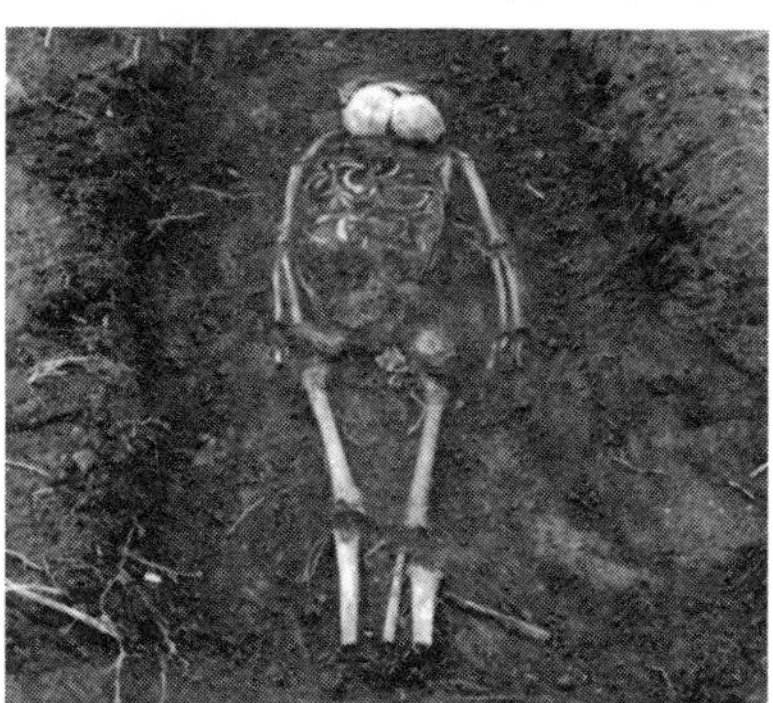

東寧労工墳の遺骨（李秉剛さん提供写真）

1994年の発掘調査で確認された、すねから下を鋭利に切断された犠牲者の遺骨。

盧詩斌さんと王貴明さん（2011年8月20日撮影）

盧詩斌《ルシピン》さん（左、かぞえ77歳）は老城子溝村の長老。王貴明さん（右）は東寧県文物管理所・所長。老城子溝村から東寧労工墳に歩いて向かう。

5 板石炭鉱万人坑

吉林省延辺朝鮮族自治州 死者・数千人

吉林省の東部に位置する延辺には、琿春《こんしゅん》・老頭溝・福洞・和竜・三合など石炭の産地が数多くある。そして、「満州国」として日本に統治された時代にこれらの炭鉱で過酷な労働を強いられた中国人労工の多くが、過労・飢え・虐待・事故や冬の寒さで死亡した。

それで、琿春市の南西約二五キロの板石鎮にある板石炭鉱でも「満州国」時代に強制労働で多数の労工が死亡し、犠牲者の遺体が捨てられた万人坑が残されている。

その板石炭鉱と万人坑について『中国文物地図集』に次のように記されている。「板石炭鉱万人坑──一九三三年に日本帝国主義がこの炭鉱で操業を始めてから解放までに、数千人の中国人労働者が非人間的な虐待を受け惨殺された。そして当時、この地に、縦九三メートル・横八八メートルの四八列の墓が残された。一九六八年に県政府は、『日偽統治時期死難階級兄弟記念碑』と刻まれる記念碑をこの地に建立した」。

さて、琿春市の郊外に位置するなだらかな山の麓にあり、四八排炭鉱と通称され現在も操業している炭鉱は、周辺に幾つもある小規模な炭鉱の一つだ。その坑口から緩やかな山道を一〇分ほど歩いて登ったところに板石炭鉱万人坑がある。

板石炭鉱万人坑には、屋根を冠した高さ五メートルほどの記念碑が建立されていて、正面に「日偽統治時期中国死難礦工記念碑」と刻まれている。新しく建て直された（あるいは改修された）記念碑のようだ。その両側に、高さ二メートル弱の石の銘板がそれぞれ設置されているが、そこに記された文字はかすんでいて読めない。

犠牲者が埋められた「四八列の墓」は記念碑の背後にあり、数十センチの高さの土饅頭が背の低い木と草に覆われずらりと並んでいるのを確認できる。この「四八列の墓」を四八排《スーバーパイ》と呼ぶので、それがこの地域の呼称になっている。

板石炭鉱万人坑（2002年5月3日撮影）

真宗大谷派の僧侶が記念碑の前で犠牲者追悼法要を勤める。記念碑の背後に万人坑（四八列の墓）が残されている。

犠牲者追悼法要（2002年5月3日撮影）

四八排炭鉱で働く現役の中国人労働者が日本式の焼香に加わり、犠牲同胞を追悼する。

板石四八排炭鉱（2002年5月3日撮影）

三十数名の労働者が三交代で働く小規模な稼働中の炭鉱。地下の採炭現場から電動トロッコで石炭を運び出している。

6　老頭溝炭鉱万人坑

吉林省延辺朝鮮族自治州　死者一万人余

延辺朝鮮族自治州政府の所在地である延吉市の郊外にある老頭溝炭鉱は一八八六年に開設された。しかし、一九一八年に日本が触手を伸ばし、九・一八事変（一九三一年）を経て老頭溝炭鉱を占領する。そして、一九三三年から四五年までに石炭一六四万トンを略奪し、苛烈な労働と虐待や事故などで一万人余の中国人労工を死亡させた。犠牲者の遺体は、東西一〇〇〇メートル・南北七〇〇メートルの斜面にぞんざいに投げ捨てられた。

解放後の一九七四年に、老頭溝炭鉱の強制労働の犠牲者が埋められた地に、それぞれ東西方向に長い二棟の遺骨陳列館（保存館）が南北に並んで建設された。二棟の遺骨陳列館の中には、三列の「遺骨池」が建屋の奥まで続いている。そして、その東側に、正面に万人坑と刻まれる高さ八メートルほどの巨大な記念碑も建立された。

さて、今では延吉市から車で三〇分ほどで行ける平地から山地に移る辺りに、現在も操業が続く老頭溝炭鉱のボタ山が広がり、その先の小高くなったところに万人坑がある。

そこには、一九七四年に建立された記念碑と、その手前に二〇〇〇年六月に新たに設置された高さ二メートル程の同じ造りの二基の石の銘板が並んでいる。二基の銘板の正面に、片方には朝鮮語（ハングル）で、もう一方には中国語で「延辺朝鮮族自治州文物保護単位　老頭溝万人坑遺跡　……」と刻まれている。

ところが、天井が剥げ落ちるなど二〇〇一年一〇月の時点で既に相当に傷んでいて、「遺骨池」には粉砕された細かな遺骨だけが散乱しているという状況だった二棟の遺骨陳列館は、二〇〇二年五月の時点で影も形も無くなっている。そして、万人坑と遺骨陳列館があった所は更地にされ、ポプラが植林されている。このあと、この惨劇の地を中国はどうしようとしているのだろう。

老頭溝炭鉱万人坑（2002 年 5 月 4 日撮影）

1974 年に建立された大きな記念碑が奥に、2000 年に設置された 2 基の銘板が手前に並ぶ。

老頭溝「万人坑」記念碑（2002 年 5 月 4 日撮影）

記念碑の前で真宗大谷派の僧侶が犠牲者追悼法要を勤める。

「万人坑」記念碑と遺骨陳列館跡（2002 年 5 月 4 日撮影）

1974 年に建設され 2001 年まで存在していた遺骨陳列館は撤去され、跡は更地になっている（写真で記念碑の右手奥）。

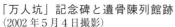

7　豊満ダム万人坑

吉林省吉林市　死者一万五〇〇〇人

日本が一九三一年から東北（「満州」）を公然と侵略する中で足かせになった電力不足に対処するため、吉林市の南東の山間地で大河・松花江を堰き止めて豊満ダム（水力発電所）が建設されることになる。建設工事は一九三七年四月に開始され、長さ一一〇〇メートル・高さ九一メートルのダム堤体を有する豊満ダムが、六年の歳月をかけ一九四二年九月に完成する。そして、一九四三年春に発電を始めた。

それで、ダム建設の工事を直接担う中国人労工は主に三つの手段で確保した。一番目は、華北での労工募集であり、でたらめな嘘を並べ農民ら一〇万人余を集めた。二番目は、捕虜の徴用で、「満州国」の内外から連行した。三番目は、「満州国」内での動員で、「勤労奉仕」人数を各地に強制的に割り当てた。こうして一五万人余が豊満に集められた。

徴用された中国人は、衣食住など全てが劣悪な生存環境の中で、連日一二時間以上の労働を強制される。安全に対する配慮はなく、工事現場で死亡事故が頻繁に発生する。そのような状況の下で、過労・飢餓・病気・事故・虐待などで一万五〇〇〇人が死亡した。

遺体は、当初は工事現場付近に埋められたが、犠牲者が多くなると、ダム下流の松花江右岸にある丘陵に乱雑に積み重ねて捨てられ、人捨て場（万人坑）が形成された。

解放後に、松花江右岸の丘陵に吉林市豊満労工記念館が開設され、一メートルほど掘り下げられた縦七メートル・横一九メートルくらいの万人坑発掘現場が遺骨館の中に公開されている。そこには三三体の遺骨が並んでいるが、それは、発掘された遺骨の中から特徴的なものを選び、人の形に並べ直したものだ。その発掘現場の縦断面を見ると、遺骨が層になり幾重にも折り重なっているのが分かる。

豊満ダム万人坑（2010年9月24日撮影）

この場所で発掘された遺骨の中から、死亡状況などに特徴がある33体が選定され、元の人の形に並べ直して「展示」されている。

豊満水力発電所建設現場（李秉剛さん提供写真）

建設工事に使役される多数の中国人労工の様子が鮮明に記録されている。

豊満ダム（2004年5月2日撮影）

高さ91メートルの堤体を持つ巨大な豊満ダムを下流側から見る。

8　遼源（西安）炭鉱万人坑

吉林省遼源市　死者八万人

日本政府は、西安炭鉱（遼源炭鉱の旧称）の調査を一九一三年から始め、優良な炭鉱であることを確認し経営に参入しようとするが、日本の経営参入を張作霖は認めなかった。

しかし、一九三一年の「満州事変」で日本が東北（「満州」）を支配すると、関東軍高級参謀の河本大作らが西安炭鉱の経営権を掌握する。そして西安炭鉱株式会社を設立し、河本大作は会社の総弁に就任する。その後、一九三四年に西安炭鉱は、満州炭鉱株式会社の傘下に入り満州炭鉱西安鉱業所となる。

さて、西安炭鉱で働く中国人労工は、大部分が華北から、一部は東北各地から、強制連行や徴用などにより集められ、日本人経営者が社内に警察機構を組織し中国人労工を支配・管理する。そして、毎日一二時間以上もの過酷な労働を強制し、西安炭鉱を占領している一四年間に石炭一五八一万トンを略奪した。

同時に、過労と飢えによる衰弱と病気・事故・暴行・虐待などで、八万人もの中国人労工を死亡させた。記録によると、西安炭鉱の労工の平均寿命はわずか三〇・五歳だ。犠牲者の遺体は西安の各所に捨てられ、主要な万人坑だけでも六カ所が残された。

解放後に、一万体以上の遺体が埋められている方家塚万人坑に遼源鉱工墓・鉱工文物館が開設され、そこで公開されている万人坑発掘現場のうち最も広い所には、頭から足先まで完全な人の姿そのままの一七九体の遺骨が、お互いの肩が触れ合うほどの間隔で整然と並んでいる。その中に、三〇人余の子どもと一人の女性が含まれている。

遺骨が整然と並んでいるのは、遺体の処理を命じられた中国人労工が同胞の遺体を丁寧に埋葬したからだ。冬は地面が凍りつき、遺体を埋葬する穴を掘れないので、夏のうちに穴は掘られていた。

遼源炭鉱方家塚万人坑
(2010年9月23日撮影)

179体の遺骨が整然と並ぶ発掘現場。この周囲(前後左右)にも、犠牲者の遺骨が同じように並んでいる。土を除いていないので直接見えないだけだ。

遼源炭鉱方家塚万人坑 (2004年5月1日撮影)

頭を山側、足を谷側にする遺骨が、等高線に沿って整然と並ぶ。頭蓋骨から手足の骨まで完全に残る遺骨は、それぞれの姿を生きているときのままに残している。

劉玉林さんと李秉剛さん (2010年9月23日撮影)

劉玉林さん(右)は遼源鉱工墓・鉱工文物館の元館長。遼源方家塚万人坑の調査と保全に人生の全てをかけている。李秉剛さん(左)は歴史研究者。

9　石人炭鉱万人坑

吉林省白山市石人鎮　死者一万人

白山市石人鎮の中心街から少し離れた山の中にある閑静な集落に、石人血泪《けつるい》山万人坑の入口がある。その入口から、緩やかな傾斜の山道を一〇〇メートルほど進むと、後ろ手に縛られ、ひざまずいて並ぶ三人の等身大の像が置かれている。日本の侵略下で日本の手先になり、中国人民を搾取する側についた中国人漢奸（裏切り者）の像だ。そして、その像には夫々実名が刻まれている。中国の人々は漢奸をどうしても許せなかったのだろう。

その漢奸の像の先に、緩やかな傾斜の階段が山頂までまっすぐに続いている。山頂とは言うものの、集落との標高差から見れば小さな丘のような山だ。この山は、もともとは浴淋塔山と呼ばれていたが、日本に支配された石人炭鉱の強制労働で死亡した一万人余の中国人労工の遺体が、山頂の北西側にある谷とその周辺に捨てられたので、血泪山と呼ばれるようになった。その人捨て場（万人坑）の範囲は五〇万平方メートルほどになる。

それで、石人では、一九六三年に通化鉱務局により階級教育展覧館が開設されるなど一〇カ所ほどの追悼施設が血泪山の周辺に整備され、山頂にも一九六四年に巨大な追悼碑が建立された。そして、当時は、犠牲者の遺体がびっしりと埋められた長さ二〇〇メートル・深さ三メートルほどの填人溝と呼ばれる溝や、雨で流された遺骨に覆われ白骨坂と呼ばれた山肌などが、石人血泪山万人坑の重要な参観場所（史跡）になっていた。

しかし、今では、万人坑の谷にも樹林がうっそうと生い茂り、史跡や遺骨を確認することは難しくなっているようだ。また、麓の集落では、けっこう大きな朽ち果てた幾つかの建物が目につく。石人炭鉱の凄惨な歴史を伝えてきた展覧館などの跡だ。長い年月を経るうちに、石人炭鉱の惨劇は人々の記憶から薄れてしまっているのだろう。

石人血泪山（浴淋塔山）（2010年9月23日撮影）

3人の漢奸（裏切り者）がひざまずき首（こうべ）をたれる像の先に、血泪山とも呼ばれる浴淋塔山と山頂の追悼碑が見える。

石人炭鉱血泪山万人坑追悼碑（2010年9月23日撮影）

浴淋塔山の山頂に建立された巨大な犠牲者追悼碑。この周囲に、たくさんの墓碑や記念碑が設置されている。

石人炭鉱万人坑展覧館の跡（2010年9月23日撮影）

石人炭鉱の凄惨な歴史を伝えた展覧館（写真左手）は完全な廃墟になっている。そのすぐ先に石人の一集落がある。

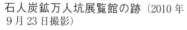

10　撫順炭鉱万人坑

遼寧省撫順市　死者二五万人

一九〇五年から四〇年間にわたり日本が支配した撫順で南満州鉄道株式会社（満鉄）が経営する撫順炭鉱の産炭量は一九三六年には九六二万トンに達した。これは、当時の東北（「満州国」）の産炭量の七七％、中国全体の産炭量の三〇％に相当する。そして、一九四五年までに二億トンの石炭を産出し、撫順炭鉱は「帝国の宝庫」と称された。

そのように大量の石炭を産出できたのは、満鉄と関東軍と「満州国」政府が夫々に手を尽くし、「満州国」内外から膨大な数の中国人を労工として徴用したからだ。そして満鉄は、石炭採掘の過酷な労働を中国人労工に強制し、過労などで次々に死亡させた。

撫順炭鉱における一九〇七年から一九三〇年までの死者数は七一四三人であり、毎年平均三〇〇人が死亡している。それが、一九三一年には三三四六人が死亡し、一九三二年以降は、平均すると毎年二万人近くが死亡している。「満州事変」（一九三一年）・「満州国建国」（一九三二年）を強行し日本が東北支配を強める中で、中国人労工に対する扱いが激変したのだろう。そのようにして生み出された、二五万人から三〇万人と記録される犠牲者の遺体が撫順の各地に捨て（埋め）られ、数え切れないほどの人捨て場（万人坑）が残された。

さて、一九七一年に撫順市階級教育展覧館が、撫順に残されている万人坑を広範に調査し三六カ所を確認している。しかし、二〇〇〇年に実施された調査では八カ所しか確認されていない。一九七一年の調査から三〇年を経るうちに、東西の露天掘り鉱の拡大や都市開発のため多くの万人坑が既に姿を消していたのだろう。

それから、さらに二〇年を経た現在では、撫順各地の開発や市街化が急速に進行するなどで、二〇〇〇年当時に確認された万人坑も全てが姿を消している。ようするに、今では、たった一カ所の万人坑すら撫順には残されていないのだ！

撫順炭鉱青草溝万人坑（跡）（2017 年 8 月 29 日撮影）

2000 年の調査で確認された青草溝万人坑にも今では建物がずらりと建ち並び、万人坑は消滅した。

傅波さんと商さん（2017 年 8 月 29 日撮影）

傅波《フーボー》さん（左）は撫順市社会科学院・院長。商さん（右）は、青草溝に隣接する老虎台の団地に住んでいる古老。二人が、青草溝の万人坑跡を指し示しながら案内してくれる。

撫順老虎台の万人塔跡（2017 年 8 月 29 日撮影）

死亡した労工を慰霊するとして日本人が老虎台に建立した追悼碑は万人塔と呼ばれたが、文革時に取り壊されたので、土台の基礎部分しか残っていない。

11　阜新炭鉱万人坑

遼寧省（旧熱河省）阜新市　死者七万人

南満州鉄道株式会社（満鉄）は、阜新にある二六カ所の石炭鉱床の開発権（採掘権）を、中国人売国奴の名義で一九一八年に手に入れる。その後、一九三三年に日本が熱河省を占領し阜新を支配下に入れると、一九三六年一〇月に満州炭鉱株式会社阜新鉱業所を設置し、大規模かつ本格的に石炭採掘を始める。そして、一九四五年八月までの九年間に二五二八万トンの石炭を略奪し、労工として徴用した中国人のうち七万人を過酷な強制労働で死亡させた。七万人もの犠牲者の遺体は、新邱・興隆湾・城南・五龍南溝・孫家湾などに捨てられ、満炭墓地と呼ばれる人捨て場（万人坑）が阜新の各地に作られた。

解放後に孫家湾に開設され二〇一五年に大規模に拡張・改修された阜新万人坑死難鉱工記念館には、広大な万人坑（満炭墓地）と二棟の遺骨館や資料館が公開されている。

そのうち、死難鉱工遺骨館には、縦一五メートル・横五メートルほどの万人坑発掘現場二カ所がそっくり保存されていて、緩やかな斜面の上側（高い側）を頭にし、数十センチの間隔で遺骨が整然と並んでいる。阜新炭鉱では、中国人労工の遺体は当初は一体ずつ埋葬され夫々に土饅頭を盛られたが、やがて、間隔を詰め遺体を並べて捨てる（埋葬する）ようになる。死難鉱工遺骨館に保存されているのは、その時期のものだ。

また、抗暴青工遺骨館には、一九四二年九月二日の脱走に失敗した三〇〇人ほどの特殊労働者（捕虜にされ徴用された兵士ら）が集団虐殺され、まとめて埋められた人捨て場がそのまま保存されている。縦二〇メートル・横二メートルほどの現場（溝）に遺骨が何層にも折り重なる様子は、満員電車の乗客を電車ごと横倒しにし、そのまま土の中に埋めたような状態で捨てられていると表現すると、その状況を理解してもらえるように思う。

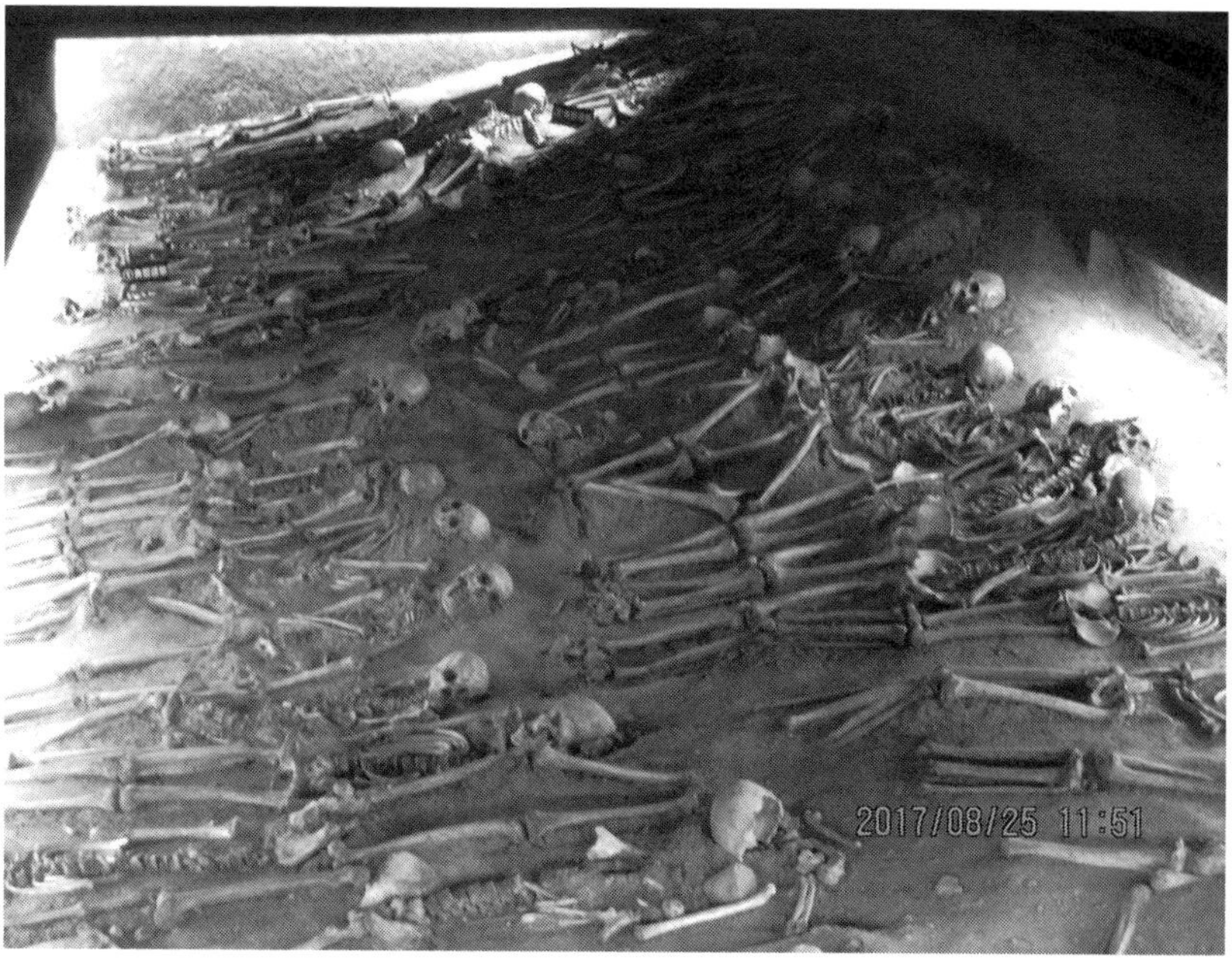

阜新炭鉱孫家湾万人坑（2017 年 8 月 25 日撮影）

死難鉱工遺骨館に保存されている万人坑発掘現場。肩が触れ合うほどの間隔に詰めて犠牲者の遺体が埋められた。

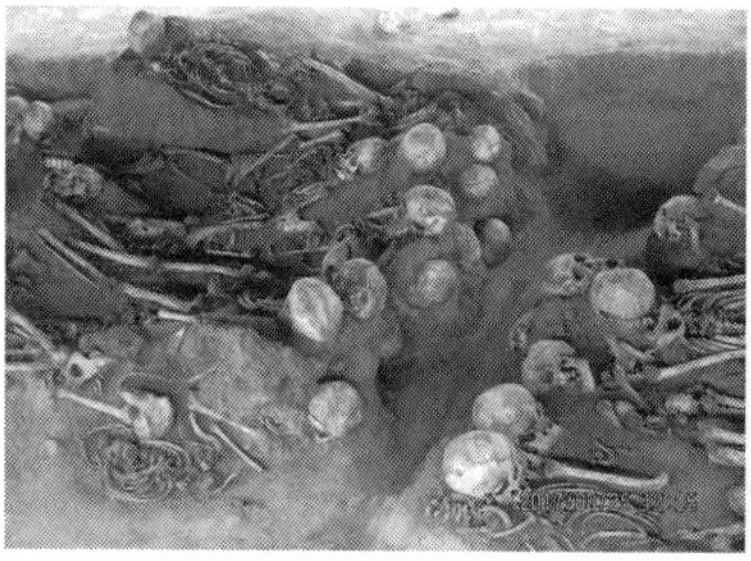

阜新炭鉱孫家湾万人坑(2017 年 8 月 25 日撮影)

抗暴青工遺骨館に保存されている万人坑発掘現場。集団虐殺された犠牲者の遺骨が何層にも折り重なっている。

張宝石さんと趙春芳さんと李秉剛さん（2017 年 8 月 25 日撮影）

張宝石さん（左）は阜新万人坑死難鉱工記念館・館長。趙春芳さん（中）は同記念館・前館長。李秉剛さん（右）は歴史研究者。

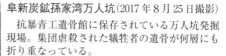

12 北票炭鉱万人坑

遼寧省（旧熱河省）北票市　死者三万一二〇〇人

一九三一年に東北（「満州」）侵略を公然と始めた日本は、一九三二年に「満州国」をでっち上げ東北を支配下におさめる。さらに、一九三三年には熱河省も占領し、熱河省にある北票炭鉱を支配する。そして、一九四五年までの一二年間に北票炭鉱から石炭八四〇万トンを略奪し、その過程で、劣悪な生活条件の下で石炭採掘の過酷な労働を中国人労工に強制し、主に過労と飢えによる衰弱で三万一二〇〇人を死亡させた。犠牲者の遺体は炭鉱周辺の各所に捨てられ、主要な万人坑（人捨て場）だけでも五カ所が北票に残された。

そのうち、一万体以上の遺体が捨てられた台吉南山万人坑に解放後に北票炭鉱死難鉱工記念館が開設され、北票炭鉱における強制労働の惨状を伝えている。その台吉南山万人坑を訪れると、犠牲者の遺体の処理状況と、背景にある強制労働の実態がよく分かる。

まず、日本の支配下におかれた初期の北票炭鉱では、犠牲者の遺体の処理を命じられた中国人労工が一体毎に穴（墓穴）を掘り同胞の遺体を丁寧に埋葬した。そのため、初期の埋葬地では、一メートルほどの間隔で碁盤の目のように整然と遺体（遺骨）が並んでいる。

そののち産炭量のノルマが引き上げられ、それに伴い労働が理不尽に強化され犠牲者が急増すると、一体毎に穴を掘り丁寧に埋葬することは出来なくなり、大きな穴（溝）を掘り遺体をまとめて埋葬する（捨てる）ようになる。そのため、この時期の埋葬地では、おびただしい数の遺体（遺骨）が折り重なるように積み重なっている。

さらに時代が進むと、残された疲労困ぱいの中国人労工には、遺体をまとめて捨てる穴（溝）を掘ることもできなくなる。そのため、自然にある深い谷に遺体が投げ込まれるようになり、各所の谷に遺体（遺骨）が文字通り山積みにされた。

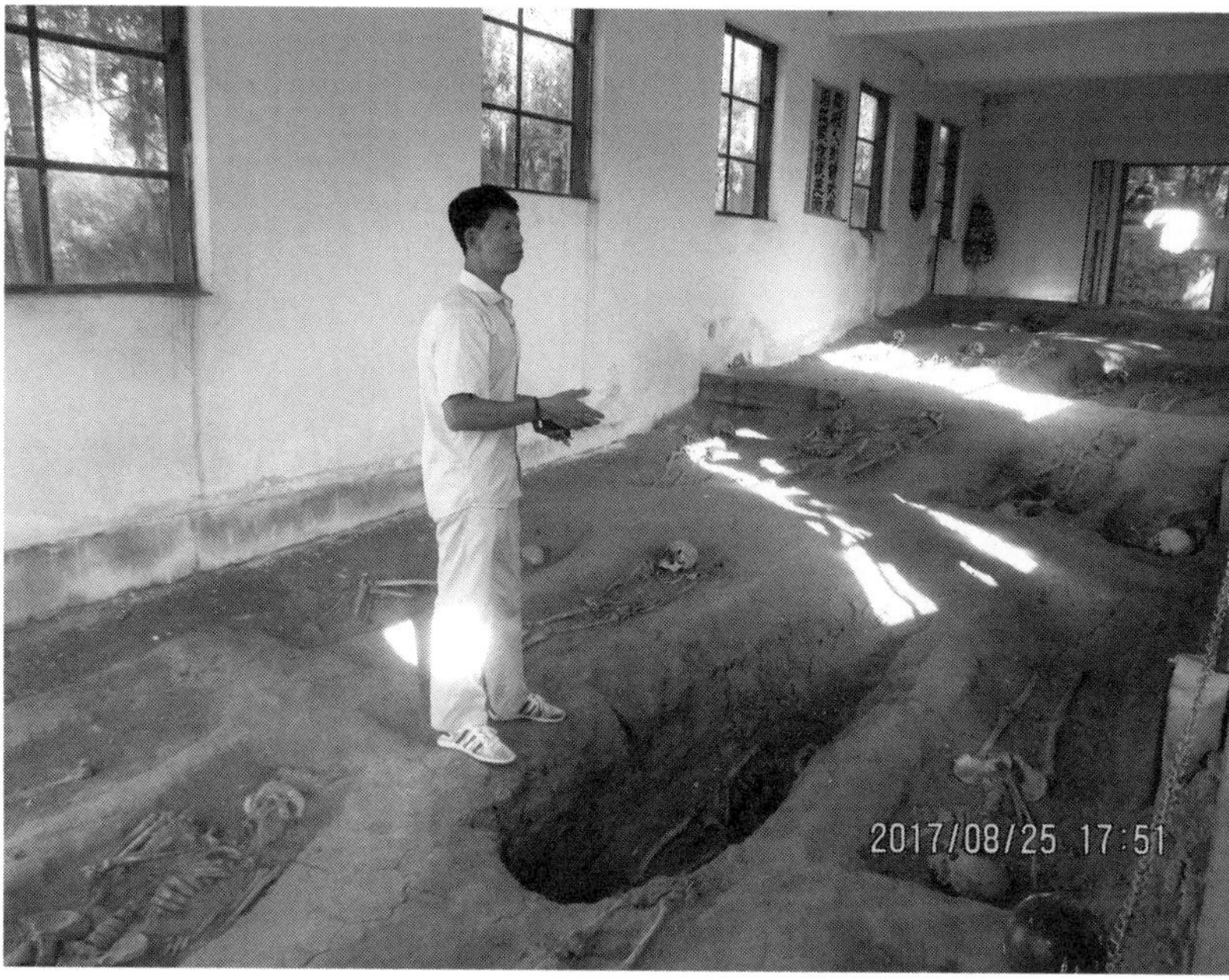

北票炭鉱台吉南山万人坑（2017年8月25日撮影）

遺体（遺骨）が整然と並ぶ万人坑の発掘現場で、北票炭鉱における強制労働の凄惨な実態を説明する劉鵬遠前館長。

北票鉱工記念館・人窖型《にんこうけい》死骨房（2017年8月25日撮影）

台吉南山万人坑で、遺体がまとめて捨てられた現場が発掘され、そのままそっくりガラスケースに覆われ保存されている。

人窖型死骨房のガラスケースの内部（2017年8月25日撮影）

長い溝を掘り、犠牲者の遺体をまとめて捨てた現場。おびただしい数の遺骨が惨状を突きつけている。

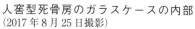

13　本渓炭鉱鉄鉱万人坑

遼寧省本渓市　死者一三万五〇〇〇人

日露戦争に日本が勝利し「南満州」（中国の東北南部）の権益を手に入れると、大倉財閥は直ぐに本渓に入り、本渓湖煤鉄公司（会社）が本渓の炭鉱と鉄鉱を四〇年間も支配する。そして、石炭二〇〇〇万トン・海綿鉄七〇〇〇トン・特殊鋼一万七〇〇〇トンを略奪し、石炭採鉱などの過酷な労働で、およそ一三万五〇〇〇人の中国人労工を死亡させた。

そのうち、一九〇五年から一九三一年までの間の死者は二八三七人であり、比較的少ない（?）。しかし、一九三一年の「満州」公然侵略開始以降は死者が急増し、一九四五年までに、本渓湖炭鉱で約一〇万人、本渓南芬廟児溝鉄鉱で約一万七八〇〇人、本渓製鉄所で約一万四〇〇〇人が死亡している。

膨大な数の遺体は、夫々の事業所の周辺にある山間地などに捨てられ、大規模な人捨て場（万人坑）だけでも六カ所が本渓に作られた。仕人溝・柳塘南天門・太平溝・月牙嶺研石山・本渓製鉄所第一工場・南芬廟児溝が、その六カ所だ。

そのうち、仕人溝万人坑は、一九四二年四月二六日に起きた本渓湖炭鉱のガス爆発事故で死亡した中国人労工らを埋めた集団墓地であり、本渓湖煤鉄公司が設置した追悼碑・永劫不朽殉職産業戦士之碑には「殉職者一三二七人」と刻まれている。しかし、そのガス爆発事故の犠牲者は一五〇〇人とも三〇〇〇人とも言われ、実態は定かでない。

さて、本渓の主要な万人坑のうち、きちんと保存され現在まで残されているのは二カ所だけだ。そのうち、肉丘墳とも呼ばれる仕人溝万人坑は、本渓湖駅の裏手の山中にあり、追悼碑の背後に、縦八〇メートル・横八〇メートルの埋葬地（万人坑）が広がっている。また、一九一二年に建設され本渓湖煤鉄公司の事務所として使用された、渓湖紅楼と呼ばれる華麗な建物が、本渓湖駅の裏手の太子川沿いに現存している。

本渓炭鉱仕人溝万人坑（肉丘墳）（2017 年 8 月 27 日撮影）

中央の白い碑が永劫不朽殉職産業戦士之碑。その背後に、今ではうっそうとした樹林に覆われる埋葬地が広がっている。

本渓炭鉱仕人溝万人坑（肉丘墳）（2017 年 8 月 27 日撮影）

本渓の山際の市街地から、なだらかな山道を 15 分ほど登ったところにある。普段ここを訪れる人はほとんどいないようだ。

何華珍さん＝山の麓に住む地元の住人（2017 年 8 月 27 日撮影）

「満州国」時代にも石炭搬送に使われていたトロッコ線路を突っ切り、何華珍さんが仕人溝万人坑まで案内してくれる。

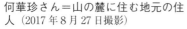

14　弓長嶺鉄鉱万人坑

遼寧省遼陽市　死者一万二〇〇〇人

日本による東北（「満州」）侵略下で支配された弓長嶺鉄鉱では、一九三三年五月から一九四五年八月までに鉄鉱石一〇〇〇万トンが略奪された。

この間に、採鉱作業の労働を強制されたのは次のような人々だ。①普通の労働者—華北の山東省や河北省と東北の各地で、だまされるように「労工募集」に応じた約一万六〇〇〇人。②特殊労働者—華北で日本軍が捕まえた「抗日の軍民」ら約三〇〇〇人。③勤労奉仕隊—徴兵検査の不合格者（国兵漏とも呼ばれる）ら約二〇〇〇人。④輔導工—「犯罪者」や矯正輔導院に連行された農民ら二〇〇〇人以上。

これらの人々が苛烈な労働を強制され、過労による衰弱と病気・事故・虐待などにより一万二〇〇〇人以上が死亡する。遺体は、主に三道溝などに捨てられ万人坑が作られたが、死者が多くて埋めきれないと死体焼却炉で焼却された。

二〇一七年に私（青木）が三道溝を再訪したとき、地元の老人らは次のように話している。

子どものころ、この辺りの山々のいたる所に遺骨が大量に放置されていた。一万体（柱）以上の遺骨が散在していたと思われる。釘が刺さっている頭蓋骨もたくさんあった。

一九六〇年代になってから遺骨を収集し、大きな穴を掘りまとめて埋葬する。そして、地元の行政区に訴え、山積みの遺骨を保護する木造の小屋を一九六七年頃に建ててもらった。その板張りの小屋は、一九九〇年に、現在の二棟のレンガ造りの建物に建て替えられ、それぞれ「万人坑」「千人坑」と呼ばれるようになる。

そのあと、施設を管理していた弓長嶺鉱業が倒産して面倒をみる人がいなくなると、「万人坑」と「千人坑」の建物や遺骨はボロボロになり、しばらく放置されてきた。しかし、二〇一四年に鞍鋼鉱業が建物などを修理し、三道溝万人坑をきちんと保全するようになった。

弓長嶺鉄鉱三道溝万人坑にある煉人炉（2017 年 8 月 26 日撮影）

煉人炉と呼ばれる死体焼却炉で、犠牲者の遺体の多くが焼却処理された。

三道溝「万人坑」遺骨保存館（2017 年 8 月 26 日撮影）

犠牲者の遺骨を埋葬した大きな穴を保存している、「万人坑」と呼ばれる遺骨保存館。山積みの大量の遺骨が大きな穴の中に残されている。

三道溝「千人坑」遺骨保存館（2017 年 8 月 26 日撮影）

犠牲者の遺骨を埋葬した大きな穴を保存している、「千人坑」と呼ばれる遺骨保存館。「万人坑」遺骨保存館のすぐ近くにある。

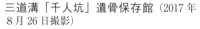

15　大石橋マグネサイト鉱山万人坑

遼寧省大石橋市　死者一万七〇〇〇人

南満州鉄道株式会社（満鉄）は、大石橋マグネサイト鉱山の主要な鉱床の採掘権を中国人売国奴の名義で取得し、一九一七年から大石橋でマグネサイトの採掘を始める。その後、財閥の高木陸郎が鉱山の経営権を満鉄から譲り受け、南満鉱業株式会社を設立して大石橋のマグネサイト鉱山を経営する。

一九三七年に大連から大石橋に本社を移した南満鉱業は、最盛期には一万五〇〇〇人を超える中国人労工を統治組織を強化して支配し、マグネサイト鉱山と耐火煉瓦製造工場で過酷な労働を強制した。社長の高木陸郎は、「中国の苦力《クーリー》なしには我が社もなく、苦力が我が社に入れば、その肉も骨もわしのもの」と公言したという。

こうして、一九三一年から一九四五年の間に採掘（略奪）されたマグネサイト鉱石は四四〇万トンになり、一万七〇〇〇人の中国人労工が苛烈な強制労働で命を奪われた。そして、虎石溝と馬蹄溝と高荘屯の三カ所に主要な万人坑が残された。

そのうち虎石溝万人坑に開設された記念館に、一四〇平方メートルの万人坑発掘現場が保存されている。そこでは、三メートルの深さまで七層に重なる一七四体（柱）の遺骨を確認できる。頭蓋骨に穴のあるのは、ツルハシで殴り殺された労工の遺骨だ。針金で縛られているのは、衰弱して動けなくなり生きたまま埋められた労工の遺骨だ。

ところで、日本で最も有名だと思われる大石橋虎石溝万人坑も、実は、長いあいだ消滅の危機にさらされ続けていた。その危機に抗いたった一人で万人坑を守り通したのが元館長の張鳳嶺さんだ。現在の虎石溝万人坑記念館は、愛国主義教育基地に指定され二〇〇五年に建て替えられた新しい施設だが、新記念館建設まで虎石溝万人坑を守り続けた張鳳嶺さんの孤高の闘いを忘れることはできない。

大石橋虎石溝万人坑（2009年9月27日撮影）

中国人労工の遺骨が、遺体が埋められた当時の状態のままそっくり残されている虎石溝万人坑の発掘現場。

大石橋虎石溝万人坑（2017年8月26日撮影）

ここは、旧記念館の開設当初から公開されている万人坑発掘現場だが、この時（2017年）は極彩色の照明で照らし出されていて違和感を覚える。

虎石溝万人坑新記念館内の展示室（2009年9月27日撮影）

写真右手奥に見える当初からの発掘現場の隣（写真左側）に、新記念館建設に伴い「遺骨展示場」が新設され、張鳳嶺さん（元館長）が大切に保管してきた遺骨が並べられた。

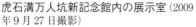

16　金州龍王廟万人坑

遼寧省大連市　死者八〇〇〇人

大連市金州の龍王廟村で、関東軍第六九三部隊陸軍病院と関連施設および金州と各地を結ぶ道路や鉄道の建設工事が一九四二年五月から開始され、数万人の中国人が労工として徴用された。金州に集められた中国人の多くは、河北省や山東省など遠方の人々だ。

細菌兵器の研究や製造のための秘密施設として計画されたのではないかと考えられている六九三陸軍病院と関連施設の建設は軍事関連の機密工事であるため、労工の逃亡などは許されるはずもなく、徴用された中国人は厳重な監視下におかれた。そして、劣悪な生存環境の下で過酷な労働を強制され、過労と飢えによる衰弱や病気・事故・虐待などにより次々に死亡する。

しかし、日本の敗戦により、六九三陸軍病院と関連施設の建設は未完成のまま中止されることになる。とはいえ、それまでに六九三陸軍病院本体の建設工事に徴用された中国人被害者は一万〇四八二人にもなり、そのうち八〇〇〇人余が死亡している。その膨大な犠牲者の遺体は、主に金州城北の周家溝一帯に捨てられ金州龍王廟万人坑が形成された。

さて、一九六〇年代に金州龍王廟万人坑の発掘・調査が行なわれ、遺体が埋められた主要な「人捨て場」の面積は約三万平方メートルになることが確認される。このとき発掘された広大な万人坑は、そのあとほとんどが埋め戻されたが、周家溝南坂の現場は、発掘したままの状態で保存されることになる。そして、発掘現場をそっくり覆う建物が建設され、金県（金州）龍王廟万人坑階級教育館として一九七二年に竣工する。

その後、経済発展を重視する一九八〇年代の中国の社会情勢の下で、いつの間にか階級教育館は閉鎖されてしまう。しかし、抗日戦争勝利七〇周年を記念するため、金州龍王廟万人坑遺跡記念館として二〇一四年に再建され現在に至っている。

金州龍王廟万人坑遺跡記念館（2017年8月30日撮影）
記念館内の広い展示室に、周家溝万人坑の発掘現場が保存されている。

金州龍王廟万人坑（2017年8月30日撮影）
記念館内に保存されている万人坑発掘現場に散乱している犠牲者の遺骨。

龍王廟万人坑の発掘調査（李秉剛さん提供写真）
1960年代の発掘調査で確認され収集された大量の頭蓋骨。

17　龍煙（龐家保《ほうかほ》）鉄鉱万人坑

河北省張家口市宣化　死者数不詳

龍煙（龐家保《ほうかほ》）鉄鉱は一九一二年に発見され、北洋政府と商人が協力し鉄鉱石を採掘してきた。しかし、一九三七年に日本が宣化を占領し龍煙鉄鉱を支配すると、龍煙鉄鉱株式会社が設立され鉄鉱石の略奪を始める。

人集めと現場での管理を任された中国人の把頭（親方）は、河北省・河南省・山東省などで、良い仕事があるなどと嘘を言って労工を募集し、農民らを龍煙に連れてきて粗末な小屋に収容する。そして、日本兵による警備と鉱山警察隊の監視の下で、鉄鉱石採掘の過酷な労働を労工に強制した。

日本人管理者と把頭は労工からあらゆるものを搾取し、労工の食べ物は豚や犬の餌以下だ。衣服はすぐにボロボロになり、寒さをしのぐ役には立たない。一九四三年にコレラが発生すると、まだ息のある人も死体といっしょに人捨て場に運ばれ焼却された。

そして、占領期間の後期には三万人余の労工を常に確保して働かせ、敗戦までの九年間に鉄鉱石三〇〇万トン余を略奪した。

同時に、膨大な数の労工を死亡させたが、その全貌は不明だ。しかし、断片的には色々と分かっている。例えば、一九四二年に北平から連行され、牛清芳と王喜信が管理する第三六組に編入された四〇〇人余は、一年以内にほぼ全員が死亡した。また、王桐林が管理する組には一九四一年に二〇〇〇人余がいたが、一九四四年には七〇〇人しか残っていない。そして、一九四五年上半期の死者数は八〇〇〇人余だったことも分かっている。

犠牲者の遺体は鉱山周辺の山野に捨てられ、大西部・肉丘墳・千人坑など幾つもの人捨て場（万人坑）が残された。解放後の一九六四年頃に肉丘墳万人坑に階級教育記念館が建設されるとき、工事現場から三〇〇柱の遺骨が掘り出されている。

肉丘墳遺骨保存館内の遺骨（李秉剛さん提供写真）

肉丘墳万人坑で収集された犠牲者の遺骨が、階級教育記念館の敷地内に開設された遺骨保存館に保存されている。

肉丘墳遺骨保存館（李秉剛さん提供写真）

階級教育記念館の敷地内にある遺骨保存館。上の写真は、この中を撮影したもの。

犠牲労工の頭蓋骨の山（李秉剛さん提供写真）

1960年代に発掘・収集された龍煙鉄鉱犠牲労工の頭蓋骨（その一部）。

18　大同炭鉱万人坑

山西省大同市　死者六万人

大同炭鉱の略奪を「国策使命」と位置付けていた日本は、一九三七年七月七日に中国全土への侵略を始めると九月一三日には大同を占領し、南満州鉄道株式会社（満鉄）に炭鉱経営を委託する。すると満鉄は、大同にもともとあった永定庄鉱と煤峪口鉱《ばいよくこう》と忻州窑鉱《きんしゅうこう》をまず再開することに決め、管理要員三一七名を撫順炭鉱から派遣し、元からいた労工を活用して採炭を始める。

しかし、大同炭鉱の巨富を狙う日本の大資本は蒙疆《もうきょう》政府などと協議を重ね、満鉄と華北開発公司と蒙疆政府が出資する大同炭鉱株式会社を一九四〇年一月に設立する。その後も追加投資を続け、一九四二年には、大同にある数十カ所の炭鉱を全て支配する。

それで、必要となる大量の労工は、蒙疆労働統治委員会・晋北労工公会・蒙疆労工協会・華北労工協会などが、山西・河北・山東・河南などで集めた。さらに、地方政権を利用して各地に徴用人員を割り当て、「勤労報国隊」や「挺身報国隊」を組織する。

こうして集めた人々に、憲兵や鉱山警察隊や把頭（頭目）の監視下で、連日一二時間から一五時間の労働を強制し、一九三七年から八年間で石炭一四〇〇万トンを略奪する。その間に、過労や飢えと病気や事故などで六万人余の労工が死亡し、山地や谷間に遺体が遺棄され人捨て場（万人坑）が次々に形成された。

一九六六年から翌年にかけ国家文物局などが大同を調査し、主要なものだけでも二〇カ所の万人坑を確認したが、その多くはきちんと保存されることはなかった。しかし、煤峪口南溝にある二本の廃坑跡（洞窟）に形成された万人坑は今も完全に保存されていて、寒冷・乾燥という自然条件によりミイラ化した遺体が累々と折り重なっている。そして、万人坑遺跡記念館として整備され公開されている。

大同炭鉱煤峪口南溝（2018 年 6 月 20 日撮影）

大同の沙漠地帯にある正面の山の山腹（写真中央部）に煤峪口南溝万人坑の入口がある。

ミイラ化した遺体（2018 年 6 月 20 日撮影）

煤峪口南溝の坑道（洞窟）内に遺棄された遺体の多くが、寒冷・乾燥という自然条件により、死亡時の着衣のままミイラ化した。

大同炭鉱煤峪口南溝万人坑（2013 年 9 月 24 日撮影）

まるで生きているように表情が鮮明に残り、手の指から足先まで完全な姿を留めるミイラ化した遺体が坑道（洞窟）を埋め尽くしている。

19　白家庄炭鉱万人坑

山西省太原市万柏林区　死者数不詳

太原市西部の万柏林区にある白家庄炭鉱で地方軍閥の閻錫山が一九三三年に操業を始めたが、それを一九三八年に日本が奪い取る。そして、白家庄の集落を見渡すことができる山の上に日本軍が砲台を造り、百名余の日本兵が駐屯する。

白家庄炭鉱には何百人もの労工が集められるが、仕事を求め自らの意思で白家庄に来る人と、河南省とか山西省南部の長治などから強制的に連行されてくる者がいた。

石炭採掘作業は二交代制で、安全設備が何もない現場で一日に一二時間働いた。一九四三年くらいになると労働が強化され、一二時間以上働かされることもある。大部屋に収容された労工は、劣悪な生活環境や食料不足に苦しんだ。しかし、給料の代わりにアヘンを労工に渡すことも行なわれ、アヘン欲しさに炭鉱から抜け出れない者もいた。労工が病気になりチフスなどの伝染病だと見なされると、炭鉱に近い高家河村にある十数軒の隔離部屋に収容され、治療もされず放置された。

こうして、過労や飢えや病気と事故や虐待で多数の労工が死亡し、高家河村の隔離部屋のすぐ目の前にある谷に遺体が投げ捨てられ、人捨て場（万人坑）が形成された。当時のその辺りの谷は広くて深く、水量の少ない谷川が谷底を流れていた。そして、捨てられた遺体に狼やカラスが群がる様子や散乱している遺骨が谷の周囲から直接見え、付近の住民は万人坑の谷を恐れた。

さて、白家庄南山の山中に、かつての炭鉱の跡が現在も残っているが、たくさんあった石造りの建物はほとんどが壊れ落ち瓦礫の山になっている。また、高家河村の万人坑の谷は今では土砂ですっかり埋まり、浅く細い溝のようになった谷には川水がわずかに流れるだけだ。そして、そこに捨てられた犠牲者数がどれくらいになるのかは分からない。

馬成棟さんと趙春生さん（2009年3月21日撮影）

馬成棟さん（右）は、かぞえ11歳の1938年から、趙春生さん（中央奥）の父・趙金玉さんも1941年から夫々童工として白家庄炭鉱で働いた。その二人が白家庄を案内してくれる。

高家河村の隔離部屋の跡（2009年3月21日撮影）

病気になった人が隔離される十数軒の部屋がこの辺りにあった。その部屋は今では一軒も残っていない。

高家河村の万人坑（跡）（2009年3月21日撮影）

人捨て場にされた谷の現在のようす。当時は、この辺りは深い谷だったが、今では土砂ですっかり埋まり、浅く細い水路になっている。

20　井陘《ジンシン》炭鉱万人坑　　河北省石家庄市井陘鉱区　死者四万六〇〇〇人

一〇〇〇年以上の歴史がある井陘《ジンシン》炭鉱に清朝時代の一八九八年に井陘鉱務局が設立され、それから間もなくドイツの企業と合弁し、一九〇七年から近代的な操業を始める。西欧の先進技術の導入により地中深くからでも採炭が可能になり、蒸気機関を動力源とする昇降機で石炭を地上に引き上げた。

それで、一九三七年七月に中国全面侵略を開始した日本は、同年一〇月には井陘地区を占領し支配する。そして、一九三九年ころから貝島炭鉱（企業）が、それまで中国とドイツが合弁で運営してきた井陘炭鉱への関与を強め、一九四〇年七月に日中間で調印し、日本と中国が合弁で経営することになる。こうして日本が井陘炭鉱を実質的に支配し、ドイツは撤退した。

さて、日本の支配下で働く労工には、もともと井陘炭鉱で働いていた労工と、日本の参入後に「青年志願隊」や「報国隊」に組織され井陘にやってきた労工がいる。その中には、労働者募集というウソにだまされ応募してきた困窮者や、日本軍が捕まえ連行してきた農民や、石家庄集中営（強制収容所）から徴用された捕虜もいる。

井陘に集められた人々は劣悪な生活環境と飢えに苦しめられ、さらに、過酷な作業は連日一二時間以上におよぶ。そして、過労と飢えによる衰弱と病気・事故・虐待などにより、日本が支配した八年間で四万六〇〇〇人の労工が死亡し、六カ所の主要な人捨て場（万人坑）が残された。その中で規模が一番大きいのは南大溝万人坑だ。

一九七一年に南大溝万人坑が発掘・調査され、労工の遺骨が収集される。そして、犠牲者を追悼する墓苑と記念館が開設された。なお、現在の記念館（資料館）は、一九九七年に新たに建設された近代的な施設だ。

坑口で石炭運搬車（トロッコ）を押す労工（李秉剛さん提供写真）

労働を強いられる労工の背景に、石炭昇降機（櫓）と皇冠塔（水蒸気動力発生施設）が見える。

皇冠塔と石炭昇降機（2013 年 9 月 29 日撮影）

皇冠塔（水蒸気動力発生施設）と石炭昇降機（左側の櫓）は 1915 年に設置され、石炭を地下から引き上げるのに利用された。

南大溝万人坑・遺骨収納棟（2013 年 9 月 29 日撮影）

1970 年代に南大溝に設営された多数の遺骨収納棟のうちの一棟。屋根の一部は崩落している。

21　石家庄集中営（強制収容所）万人坑

河北省石家庄市　死者二万人

華北平野のほぼ中央部に位置する石家庄を一九三七年一〇月に占領した日本は、一九三九年に石家庄南兵営に捕虜収容所・石家庄（石門）集中営を開設し、捕虜や農民を収容するようになる。後に、捕虜収容所は東兵営にも増設される。それで、石家庄集中営に収容される中国人の多くは抗日軍の兵士なので、集中営の警備と収容者に対する管理は厳しく、収容者の自由は完全に失なわれた。

その後、東北（「満州国」）で労働力が一層必要になると、華北方面軍と協議が行なわれ、捕虜や農民を労工として東北に移送する協定が一九四一年に結ばれる。それに伴ない石家庄集中営の名称は捕虜収容所から労働者教習所に変更され、華北労工協会が直接管理するようになる。さらに、一九四四年に名称は労働者訓練所に再変更される。

こうして石家庄集中営は、東北をはじめとする中国各地へ労工を送り出す中心施設となり、収容者に対し、日本国旗の掲揚や反動標語の復唱や歌唱など植民地教育や帰順教育が行なわれた。さらに、工場・倉庫・駅などでの作業や、飛行場・兵営など数十カ所もの軍事施設の構築などで奴隷労働が強制された。

一九三九年から四五年までの間に石家庄集中営に収容された中国の抗日軍民と無辜の人民は五万人余になる。そのうち三万人は、東北など中国各地のほか日本にも連行されている。残りの二万人は、各地に派遣される前に過労や飢餓や病気や虐待などにより死亡し、集中営から一キロほど離れたところにある人捨て場に埋められ万人坑が形成された。

一九九四年一〇月に、建設南大街西側にある自動車修理工場の工事現場で多数の遺骨が掘り出され、万人坑だと確認された。その翌年の一九九五年に市内の平安公園で石家庄集中営受難同胞記念碑など追悼施設の鍬入れ式が行なわれ、九七年に竣工している。

石家庄集中営受難同胞記念碑（2013 年 9 月 28 日撮影）

記念碑の前で犠牲者追悼式を行ない献花したあと。何天義さん（右）は、中国共産党党史研究室や社会科学院で研究を続ける捕虜と労工問題の専門家で、研究記録や書籍を膨大に著わしている。左は李秉剛さん。

護送される労工（李秉剛さん提供写真）

1944 年、石家庄集中営の労工が日本軍により鉄道駅まで護送されている。このあと労工は鉄道駅から各地へ送られる。

犠牲者の遺骨（李秉剛さん提供写真）

1994 年 10 月に石家庄市内で工事が行なわれる時に掘り出された犠牲労工の遺骨の一部。

22　塘沽《タンクー》集中営（強制収容所）万人坑

天津市塘沽区　死者一万人超

塘沽《タンクー》労工収容所は、一九四三年の秋にまず塘沽港徳大埠頭に開設されたあと、新港卡子門《かしもん》の四号埠頭付近にほどなく移転し、名称が塘沽労工訓練所に変わる。塘沽労工訓練所（以降は塘沽集中営と表記）に集められた中国人は、身元確認と労工登録を済ませたあと「訓練」を受けることになるが、集中営の周辺で労働を強制されることもある。そして、「訓練」が一通り終了し部隊編成されたあと、塘沽港から船に乗せられ、大連や営口などの港を経由し東北（「満州国」）の各地へ移送された。塘沽集中営から東北に移送された中国人は数万人の規模になる。また、日本にも、一九四四年一月から一二月の間に三六六三人が移送されている。

それで、塘沽集中営での中国人収容者に対する管理は非常に厳しく、毎日二四時間警備隊が収容者を監視し、気に入らない者がいると棍棒で打ち据え、殴り殺すこともいとわない。食事は一日に二回で、わずか一〇〇グラムの雑穀のマントウ一個と異臭がする塩漬けの野菜が毎回支給された。病気になると病棟に送り込まれるが、病棟には医者もおらず薬も無く、ただ床に伏せ死を待つしかない。

集中営では毎日死者が出る。死ぬ人数が多くなり人手では運びきれなくなると、小型のロバ車を、その次は大型の馬車を雇い、人捨て場に死体を運んだ。人捨て場（万人坑）では、野犬が死体を引きずり出して食べ、カラスも群れを成してやってきて肉片をつついた。

一九五五年に塘沽区政府が万人坑を発掘し、「文化大革命」時には南開大学も調査をしている。さらに、一九七〇年代から八〇年代にかけて塘沽港務局と共産党塘沽区委員会が調査を行ない、塘沽港務局の調査によると、塘沽集中営で死亡した労工は一万人を超えている。そして、一九九二年八月に塘沽区人民政府により塘沽万人坑記念碑が建立された。

塘沽万人坑記念碑（2013年9月27日撮影）

黒い巨大な円筒が3本の白い柱から鎖で釣られる特徴的な造りの記念碑。塘沽集中営と万人坑の歴史が台座にびっしりと刻まれている。

強制労働被害者の王躍清さん（2013年9月28日撮影）

王躍清さん（右、87歳）は、17歳だった1943年の末に天津でいきなり捕まえられ、塘沽集中営で劣悪な待遇の下で長期間拘束された。その後、日本の三井三池炭鉱四山坑に連行され、日本の敗戦まで強制労働させられた。左は何天義さん。

塘沽集中営跡（李秉剛さん提供写真）

海と鉄道に挟まれる塘沽集中営の跡地は民間企業の敷地になっている。

23　淮南《わいなん》炭鉱万人坑

安徽省淮南市　死者・数万人

一九三七年七月に中国全面侵略を始めた日本は、同年一二月に南京を陥落させたあと津浦鉄道沿いに北進し、一九三八年六月に淮南《わいなん》を占領する。それから三カ月後の九月には、それまで華商大通炭鉱株式会社が経営してきた大通炭鉱を日本の三菱飯家炭鉱が、淮南炭鉱局が経営してきた九龍崗炭鉱は日本の三菱鉱業がそれぞれ掌握する。

その後、一九三九年四月に、日本興亜院華中連絡部と傀儡《かいらい》政権は淮南炭鉱株式会社を設立する。この新会社は名義上は日華合弁だが、実際は日本が全てを支配している。そして、年間産炭量二〇〇万トン達成という方針に従い労工を集めるため、華北や華中で農民らをだまして募集し、淮南周辺で行政区毎に徴用人数を割り当て「農民愛鉱隊」を編成する。さらに、各地で捕まえた住民らを捕虜とともに連行した。淮南炭鉱が集めた人数は、一九四一年三月から一九四四年六月の間だけでも七万〇六七一人になる。

淮南に集められた人々は、日本人監督と中国人把頭の監視下で、貧弱な食事しか与えられないまま、連日一二時間から一六時間の過酷な労働を強制され、さらに、頻発する事故や虐待にさらされ次々に死亡する。一九四二年秋から翌年春にかけ伝染病が蔓延すると、舜耕山の麓に大きな溝（穴）が三カ所掘られ死体が埋められた。

こうして、日本が淮南炭鉱を支配している七年間で数万人の労工が死亡し、遺体は山野に捨てられ、主要な人捨て場（万人坑）だけでも数カ所が残された。

解放後の一九六〇年代後半に淮南市が万人坑を広範囲に発掘・調査し、一九六八年に大通万人坑の発掘現場に教育館を開設する。大通万人坑教育館は二〇一四年に国務院により第一群国家級抗戦記念施設遺跡に指定され、現在は、三カ所の万人坑発掘現場が公開されている。

淮南炭鉱大通万人坑（１）（2016 年 10 月 23 日撮影）

大通万人坑教育館で公開されている３カ所の万人坑発掘現場の一つ。ここだけで 2000 体の遺骨が埋められていると推定される。

淮南炭鉱大通万人坑（２）（2016 年 10 月 23 日撮影）

大通万人坑教育館で公開されている、上の写真とは別の万人坑発掘現場。部屋の広さは幅５メートル・奥行き 20 メートル。地面は３メートルの深さまで掘られている。

淮南大通万人坑教育館（2016 年 10 月 23 日撮影）

左右の展示棟と奥の「壁」に囲まれる教育館の庭園（中庭）。正面奥の「壁」の向こう側に万人坑発掘現場がある。

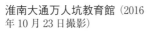

24　石碌《せきろく》鉄鉱万人坑

海南省昌江黎《り》族自治県　死者三万人

一九三〇年代後半に日本の経済的利権が東南アジアで後退する中で、新たな資源開発による対日製鉄原料供給が海南島で模索された。その中心が、石原産業海運が受命することになる田独鉱山と、今回紹介する石碌《せきろく》鉱山であり、石碌鉱山の事業は、延長五二キロの鉄道を敷設して内陸の石碌から西海岸まで鉄鉱石を運び出し、新設する八所港から搬出するものだ。

さて、一九三九年二月に日本が海南島を占領したあと石碌鉱山の開発を海軍省から受命した日本窒素肥料は、石碌鉱山の鉱脈を確認したうえで西松組に請け負わせて鉄道を敷設し、一九四二年三月から鉄鉱石の搬出を始めた。そのあと、同年一二月に、石碌鉱山とその付帯事業を傘下の日窒海南興業に移管している。

それで、大量の労工を石碌に集めるため日本窒素肥料が最初に動員したのは、台湾で「募集」した労工だ。続けて、中国本土（大陸）の河南・上海・広州・汕頭《シャントウ》・アモイ・香港・マカオなどの占領地区から農民らを集め、海南島内でも住民を徴用する。さらに、朝鮮・インドネシア・インドなどからも人々を連行し、四万人余を石碌に集めた。

この四万人余が、衣食住とも劣悪な条件の下で過酷な労働を強いられ、主に過労と飢えによる衰弱で多数が死亡する。また、病気も労工の死亡原因の一つだ。たとえば、一九四二年の夏にコレラが流行したとき、水尾作業所では、三〇〇〇人余の労工の半数以上が死亡している。それらの遺体を処理するため専任の作業班が作られ、山や谷に遺体が遺棄され人捨て場（万人坑）が形成された。また、製鋼所で遺体が焼却された。

こうして、日本が海南島を占領している六年間に石碌鉱山で三万人余の労工が死亡し、鉄鉱石六九万五〇〇〇トンが略奪された。日本の降伏時に生き残っていた労工は五八〇〇人に過ぎない。

石碌鉱山死難鉱工記念碑（2014年11月13日撮影）

1965年に建立された白い巨大な犠牲者追悼碑。台座部分に、石碌鉱山における強制労働の惨状がびっしりと刻まれている。

労工宿舎（李秉剛さん提供写真）

草葺きの労工宿舎に、それぞれ60人くらいが収容された。

石碌鉱山（李秉剛さん提供写真）

日本窒素肥料が支配していた当時の石碌鉱山のようす。

25　八所港万人坑

海南省東方市　死者二万二〇〇〇人

海南島西部の内陸部に位置する石碌《せきろく》鉱山で産出する鉄鉱石を日本などに搬出するため、石碌鉱山から西方に約五〇キロの西海岸の八所に港を建設し、その間を鉄道で結ぶことになる。

八所港の建設工事は、日本が海南島を占領した一九三九年の末から一九四二年の末にかけて行なわれるが、この間に、だまされて「募集」に応じたり強制連行されてきた中国人ら二万人余が労役を強いられることになる。その中に、東南アジア地域で捕虜になった、イギリス・インドネシア・カナダ・オーストラリアなどの一〇〇〇人余も含まれている。

八所に連行されてきた人々は、長時間の苛烈な労働を連日強制される。しかし食事は、三〇〇グラムほどのかびた米と干したイモだけだ。宿舎には大小便があふれて「豚の子の寮」と呼ばれ、大きい棟には数百人が詰め込まれた。

このような劣悪な生活条件と過酷な労働により、多数の労工が過労と飢えで衰弱し死亡する。また、コレラなどの伝染病や、頻発する事故や、監督者らによる虐待や暴行も、労工が死亡する原因になる。

そして、当初は、犠牲者の遺体を焼き、骨灰を骨箱（骨壺）に入れて保管することも行なわれた。犠牲者が多くなると、八所港の工事現場から一キロくらい離れたあたりの沙漠に遺体が運ばれ、穴を掘って埋められた。

それで、八所港建設工事には二万人余が動員されたが、工事の完成時に生き残っていたのは一九六〇人に過ぎない。また、八所と昌江石碌地区では、鉱石搬送用鉄道や発電所が同時期に建設され、それらに徴用された労工を合わせると強制労働被害者は三万人になる。そのうち、途中で逃走した二〇〇〇人を除くと、生き残ったのは六〇〇〇人に過ぎず、二万二〇〇〇人が死亡していた。

八所港万人坑（2014 年 11 月 13 日撮影）
　背の低い樹木や雑草が今ではけっこう生えている広大な沙漠が万人坑だ。しかし、追悼碑や案内板などは何もない。

八所港旧址（2014 年 11 月 13 日撮影）
　中国人労工の手で石材を積み上げて造られた埠頭（岸壁）の一部が波打ち際に何カ所も残っている。

監獄棟（2014 年 11 月 13 日撮影）
　労工が収容され虐待された監獄棟。天井の一部が崩れ落ちた一棟が、コンクリート製の土台の上に移設されている。

26 南丁（朝鮮村）千人坑

海南省三亜市吉陽鎮　死者一〇〇〇人

海南島の労働力不足を補うため朝鮮総督府の刑務所から二〇〇〇名の受刑者を派遣することを日本国政府が決定する。この決定を受けて朝鮮人受刑者は「南方派遣朝鮮報国隊」として編成され、一九四二年末から一九四四年三月までに八回に分けて派遣される。

海南島に派遣された受刑者は、石碌《せきろく》や田独の鉄鉱山や、飛行場や港湾の建設現場などで苛烈な労働を強いられた。当時、海南島の住民らは、青色の服を着る朝鮮人が道路工事や洞窟掘りをしているのを各地で目撃している。

アジア太平洋戦争の末期になると、朝鮮人受刑者の多くは南丁に集められ、やがて「朝鮮村」と呼ばれるようになる地域に収容される。そして、道路工事・井戸掘り・トンネル掘り・軍用施設建設などに従事させられた。「朝鮮村」周辺で労役を強いられたのは一二五〇名余で、そのうち八割は朝鮮から派遣されてきた受刑者だ。

現場の日本兵は朝鮮人受刑者を冷酷に扱い、多数を残忍に殺害した。当時の付近の住民は次のように証言している。「道路ができたあと、朝鮮人を木に吊るして死ぬまで殴り、死んだあと、二人か三人ずつ穴に埋めた」、「近くの裏山で生きたまま焼かれる朝鮮人の叫び声を聞いた」、「日本人は朝鮮人の首を切り、村の入り口に置いてある箱に入れた」。

そして、最後まで生き残っていた朝鮮人受刑者も、日本の敗戦時に銃殺や撲殺により集団虐殺されてしまう。こうして、南丁で命を奪われた朝鮮人は一〇〇〇人を超え、犠牲者の遺体を埋めた千人坑（人捨て場）が残された。

そんな惨劇から半世紀以上を経た一九九八年に、韓国放送公社による「朝鮮村」取材が実現し、多数の遺骨が現認される。その翌年に南丁千人坑で遺骨が収集され、一柱ずつ骨壺に収め、現場に建てた朝鮮人遺骨館に安置された。

南丁（朝鮮村）千人坑（2014年11月14日撮影）

海南島在住の韓国人・徐在弘氏は「朝鮮村」の惨劇を1998年に知り、その翌年に記念碑4基を南丁千人坑に建立した。

朝鮮人遺骨館（2014年11月14日撮影）

上の写真の右手に見える樹林の奥にある。その前で地元の女性が豆類を収穫している。

朝鮮人遺骨館の骨壺（2014年11月14日撮影）

400個ほどの骨壺と7基の棺桶状の透明な容器が朝鮮人遺骨館に保管されている。棺桶状の容器に収納されていた遺骨は盗難され消失している。

27　田独鉱山万人坑

海南省三亜市田独鎮　死者一万人

一九三九年二月に日本が海南島を占領すると、マラヤの鉄鉱開発で実績を上げていた石原産業海運に資源調査の特命が直ぐに下される。そして、四月早々に調査員が海南島に調査に入り、五月には、楡林《ゆりん》田独村の鉄鉱山の開発を海軍省から受命する。

同年八月に鉄道と港湾の建設を清水組に委託し第一期工事を始めた石原産業海運は、採掘した鉄鉱石を単線の軽便鉄道で楡林内港まで搬送し、桟橋から艀《はしけ》で沖合碇泊の本船まで運ぶ経路で一九四〇年六月から出鉱を始める。さらに、翌年九月に、軽便鉄道の複線化と二キロの延伸、本船横付け桟橋の構築を含む第二期工事を完了させた。その後、石原産業海運は、一九四三年六月に商号を石原産業に変更し、傘下の石原汽船に海上輸送部門を移管して事業を継続する。そして、一九四五年二月までに二七〇万トンの鉄鉱石を略奪した。

それで、石原産業海運は、海南島の住民だけでなく、上海・広州・厦門《アモイ》・汕頭《シャントウ》・香港など中国本土の各地と台湾・朝鮮・インドから連行してきた人々も鉄鉱石の採掘作業に従事させ、劣悪な生活条件の下で過酷な労働を強いられた人々は、過労や飢えと病気や事故や暴行や虐待により六年間で一万人近くが死亡する。そして、犠牲者の遺体は山野に捨てられ万人坑（人捨て場）が形成された。

しかし、その万人坑の地は、一九五八年竣工の頌和《しょうわ》ダムにより出現したダム湖の底に、詳しい調査がされないまま沈められてしまう。そして、ダム湖の脇に、万人坑のせめてもの証として、「日寇時期受迫害死亡工友記念碑」と刻まれる小さな記念碑が設置された。その記念碑がある一画は、後に田独鉱山万人坑記念公園として整備され、二〇〇一年に新たな記念碑も建立されている。

田独鉱山万人坑＝頌和ダム湖（2014 年 11 月 14 日撮影）

頌和ダムにより出現したダム湖の底に田独鉱山万人坑は沈められた。

田独鉱山露天掘り鉱の跡（2014 年 11 月 14 日撮影）

かつての露天掘り鉱が池の底に水没している。この池の手前側の水面はゴミで覆い尽くされている。

田独鉱山万人坑記念公園（2014 年 11 月 14 日撮影）

1958 年に設置された黒っぽい小さな記念碑が手前に、2001 年に建立された白い大きな記念碑が奥に見える。背後は、建設が進行中の膨大な数の高層ビル群。

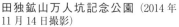

28　陵水后石村万人坑

海南省陵水黎《リ》族自治県三才鎮　死者五〇〇〇人

一九四四年から一九四五年にかけて海南島南部の陵水地区で、日本軍の軍用飛行場や道路の建設工事が行なわれた。これらの土木建設工事は、日本の民間企業（現地の人たちは「株式会社」と記憶している）が日本軍（海軍）から請け負っている。

その日本企業が建設工事で使役する労工は、主に中国本土（大陸）から連行してくる中国人だが、朝鮮や台湾で徴用されて報国隊に組織され連行されてくる人たちもいる。

これらの人たちが劣悪な生活条件の下で過酷な労働を強制され、過労や虐待などで五〇〇〇人以上が死亡する。そして、犠牲者の遺体は、飛行場建設地の近くに溝（穴）を掘って埋められた。

こうして、多数の人々が犠牲になる凄惨な土建工事が強行されたが、飛行場が完成する前に、自ら始めた侵略戦争に日本は負けた。

日本の敗戦から二五年後の一九七〇年に、犠牲者の遺体が埋められている陵水后石村の万人坑の地に、高さが一メートルほどの板状の石で製作した記念碑を中国海軍第四四四二部隊が設置する。その正面に、「紀念被日寇《にちこう》殺害之同胞／（大きな文字で）受難同胞永垂不朽／四四四二部隊　一九七〇年十二月廿《20》日立」と刻まれている。

それで、記念碑が設置されてから半世紀を経た今は、その周りに農業用のビニールハウスが立ち並び、周囲には広大な畑がただ広がるばかりだ。

陵水地区の強制労働で五〇〇〇人以上もの人たちが犠牲になり后石村のその辺りに埋められたのだが、その惨劇を今に伝えるのは、中国海軍四四四二部隊が設置した小さな石の記念碑だけだ。しかも、畑の中を通る細い小路の脇にポツンと取り残されているその記念碑は、何も知らなければ見過ごしてしまうような忘れられた存在にしか見えない。

陵水后石村万人坑（2014 年 11 月 15 日撮影）

写真の手前右側に見える小さな記念碑以外に、ここが惨劇の地であることを示すものは何もない。

受難同胞永垂不朽の碑（2014 年 11 月 15 日撮影）

后石村の万人坑の地に中国海軍第 4442 部隊が設置した小さな記念碑。

龍敏雄さんと劉忠さん（2014 年 11 月 15 日撮影）

龍敏雄さん（右端、混血の漢族）と劉忠さん（右から３人目、黎族）は共に陵水黎族自治県史誌弁公室の職員。后石村など陵水各地を案内してくれた。左端は李秉剛さん。

第二部　中国本土における強制連行・強制労働と万人坑

四〇〇〇万人の強制労働被害者

一九三一年九月一八日の柳条湖事件を口実に中国東北（「満州」）への侵略を公然と始めた日本は、一九三七年には盧溝橋事件をきっかけに中国への全面侵略を開始し、さらに一九四一年にアメリカとイギリスに宣戦布告しアジア太平洋戦争に突入する。こうして広範で膨大な戦線を日本は抱え込むが、国力をはるかに上回る広大な戦線は各地で泥沼化する。そして、泥沼化する各戦線に兵士を送り込むため、膨大な数の青壮年男子をねこそぎ徴兵した。その結果、日本国内（内地）が深刻な労働力不足に陥る。

この、日本国内（内地）における深刻な労働力不足に対処するため、「華人労務者内地移入に関する件」を一九四二年一一月二七日に東条内閣が閣議決定し、一九四三年四月から一九四五年六月までの間に三万八九三五人の中国人を労工（労働力）として「内地」に強制連行する。日本国内に連行されてきた中国人の強制連行被害者は、炭鉱・鉱山・港湾・土木建設などに関わる三五の企業の一三五カ所の事業所において、衣食住ともに劣悪な生活環境の下で過酷な労働を強制され、六八三〇名もの中国人が死亡した。[注01][注02]

このように、およそ四万人の中国人を日本国内で強制労働させ約七〇〇〇名の命を奪った「内地」への中国人強制連行は、今の日本でも比較的よく知られている史実だ。しかし、一方で、日本が侵略した中国本土（大陸）で行なわれた強制労働について認識している人は日本にはほとんどいないように思われる。

そこで、中国本土（大陸）における中国人強制労働について確認すると、最後はアジア太平洋戦争と時期が重なる日中一五年戦争の間に、侵略者の日本により中国本土（大陸）で強制労働させられた中国人被害者の数はおよそ四〇〇〇万人[注03]にもなることが分かる。中国本土における四〇〇〇万人という強制労働被害者の数は、日本国内に連行されてきた強制労働被害者四万人と比べると、正に桁違い（三桁違い！）になる膨大な数だ。

その、中国本土における四〇〇〇万人にもなる強制労働被害者の地域別の内訳を、中国の北から南へ、東北(「満州国」)・華北・華中・華南の順でまずは見ておこう。

①東北(「満州国」)の中国人強制連行

傀儡《かいらい》国家「満州国」を一九三二年に「建国」し中国の東北を支配した日本は、五族協和や王道楽土を標榜しながら膨大な数の中国人を駆り集めて強制労働させ奴隷のように酷使した。統計によると、一九三四年から一九四五年までに華北など中国各地から東北に強制連行してきた中国人は七九〇万人になる。また、労役の割り当てや強制連行により東北内部で徴用した農民らは八五〇万人になり、合わせて一六四〇万人が東北(「満州国」)で強制労働させられた[注04][注05]。

②華北の中国人強制連行

万里の長城を「国境」とし「満州国」の南側に隣接する華北は、中国国民政府(蒋介石政権)の統治下から政治的・経済的に分離し「第二の満州国」にするための華北分離工作を日本が推し進めた地である。そして日本は、日中戦争やアジア太平洋戦争を遂行するための「戦力の培養補給」の基地[注06]、つまり食料・石炭・労働力など戦略資源の供給地として華北を位置付け、一九三七年から一九四五年の間に二〇〇〇万人以上の中国人を華北域内で強制労働させた[注07][注08]。

この二〇〇〇万人とは別に、一九三四年から一九四五年の間に華北から華北域外の地へ労工(労働力)として強制連行された中国人が一〇〇〇万人も存在する。その連行先の内訳は、「満州国」へ七八〇万人余、蒙疆《もうきょう》へ三二万人余、華中へ約六万人、さらに日本本土(内地)へ三万五七七八人、朝鮮へ一八一五人などだ[注07][注09]。

③華中の中国人強制連行

華中に現存する強制労働の現場と万人坑（人捨て場）のうち私（青木）が実際に訪れて確認したのは、南京から百数十キロほど西方に位置する淮南《わいなん》炭鉱だけだ。しかし、淮南炭鉱という一カ所の事業所における強制労働だけで数万人の中国人が死亡し、大規模なものだけでも数カ所の万人坑が残されている[注10]。淮南炭鉱に強制連行されてきた被害者は、人数が正確に分かっている三年間（一九四一年三月から一九四四年六月）に限っても七万人を超えるので[注11]、七年におよぶ淮南炭鉱の占領（操業）期間全体では被害者数はおそらく一〇万人を超えるだろう。

このように、淮南炭鉱という一カ所の事業所だけで、一三五カ所の事業所全体で約四万人が強制労働させられ約七〇〇〇人が死亡した日本国内における中国人強制連行・強制労働の全体の被害規模を上回っている。そして、長江（揚子江）流域を含む華中には、淮南炭鉱以外にも、日本軍の軍事基地構築や道路建設など多数の強制労働の現場が存在しているので、最低でも一〇万人単位の強制労働が華中で強行されたことに疑問の余地はない。

④華南の中国人強制連行

海南島は、華南の中でも最南端に位置し、面積では台湾にほぼ匹敵する巨大な島だ。その海南島で私が実際に訪れて確認した強制労働の現場と万人坑の犠牲者数（死者数）は、石碌《せきろく》鉱山における鉄鉱石採掘作業で三万人[注12]、石碌鉱山で産出する鉄鉱石の積み出し港となる八所《はっしょ》港と鉱石搬送用の鉄道などの建設工事で二万二〇〇〇人[注13]、田独鉱山における鉄鉱石採掘作業で一万人[注14]、陵水后石村における日本軍飛行場建設などの土建工事で五〇〇〇人[注15]である。

海南島には、これ以外の事業にも膨大な数の日本の営利企業が進出し、重要金属を採掘する各地の鉱山開発や、鉄道や道路建設など産業基盤整備や、飛行場などの軍事基地建設や、各種の農業開発が膨大に実施されたので[注16][注17]、海南島を含む華南で、「内地」（日本国内）の被害規模とは桁違いの、最低でも一〇万人単位、おそらく一〇〇万人単位になる大規模な強制連行・強制労働が行なわれているのだろう。

中国本土における中国人強制連行・強制労働の規模はこのように膨大なものだが、このことをきちんと認識している人は、この節の最初の方に記したように、日本にはほとんどいないようだ。そのため、今の日本で話題にされる中国人強制連行・強制労働のほとんどは、中国本土から日本国内（内地）に強制連行され花岡鉱山鹿島事業所などで強制労働させられた約四万人の被害者に関することだけだ。日本国内に比べると被害人数が桁違い（三桁違い！）に多い中国本土（大陸）における強制連行・強制労働が日本ではほとんど話題にならないことは、歴史認識の観点からも憂慮されることであろう。

一〇〇〇万人規模の強制労働犠牲者

さて、強制連行や徴用や「募集」などさまざまな手段で労工（労働力）として集められた中国人被害者は、炭鉱や鉄鉱などの鉱山や、巨大ダムや日本軍基地や道路などの建設工事現場に送られて監禁され、理不尽かつ凄惨な労働を強制される。

まともな食事も与えられないまま過酷な労働を連日長時間にわたり強制されれば、屈強な若者でもすぐに痩せおとろえ、やがて多くが衰弱死（過労死）してしまう。また、衰弱した強制労働被害者は病気に対する抵抗力を失くしているので、伝染病が流行すれば多くの者がまとめて死亡する。さらに、安全無視の危険な作業に起因する事故や、監督者による理不尽な暴行や虐待で命を奪われる被害者も少なくない。

こうして、強制労働被害者の多くが死亡させられたが、中国本土で強制労働を強いられた中国人被害者のうちどれくらいの人たちが命を奪われたのだろうか。その実態を知るため、ここで史料を確認しておこう。

例えば、「満州国」時代の日満商事株式会社調査室が発行した『日満商事調査統計月報・満州炭鉱資材読本別冊』には、中国人を労工として徴用した日本の企業に関するさまざまな記録や統計が収録されている。

その記録（統計）の一つである「鉱山労務者採用後期間別死亡者加重比率表」(注18)(注19)には、西安（遼源）炭鉱・本渓湖炭鉱・撫順炭鉱など一一の炭鉱と満州鉱山・満州鉛鉱の二つの鉱山、そして昭和製鋼所という合わせて一四の事業所の、一九四三年一月から六月までの統計に基づく、「労務者」（労工）受け入れ後の労働（就労）期間に応じた死亡率が具体的にまとめられている。

それによると、例えば、八万人以上の中国人労工が死亡した西安（遼源）炭鉱における労工の死亡率は、労工が西安炭鉱に来て（就労して）から一カ月で一八・八パーセント、二カ月で四六・四パーセント、三カ月で六三・五パーセント、半年で八四・三パーセント、一年以内に一〇〇パーセントである。つまり、西安炭鉱に連行された労工は、三カ月以内に三分の二が死亡し、一年後には全員が死亡している。また、一三万五〇〇〇人の中国人労工が死亡した本渓湖炭鉱の死亡率は、労工が本渓湖炭鉱に来て（就労して）から一カ月で一〇・二パーセント、二カ月で一八・七パーセント、三カ月で三〇・八パーセント、半年で六五・五パーセント、一年で八一・一パーセントである。つまり、本渓湖炭鉱では、三カ月で三割、半年で三分の二、一年で八割の労工が死亡している。

このように、各事業所毎の死亡率が「死亡者加重比率表」に全てまとめられているが、各事業所毎に死亡率の詳細を紹介することは本稿では省略し、「満州国」における一九四三年前半の強制労働による死亡率の実態を全体像により近く把握できると思われる、一四の事業所全体における労工の平均死亡率を最後に確認しておこう。その一四の事業所全体の平均死亡率は、各事業所に中国人労工が来て（就労して）から一五日で六・七パーセント、一カ月で二〇・六パーセント、二カ月で三六・二パーセント、三カ月で五一・三パーセント、半年で七五・九パーセント、一年で八七・〇パーセントである。つまり、三カ月で半数が死亡し、半年で四分の三が死亡し、一年たつと約九割が死亡している。

日本国内に連行されてきた中国人強制労働被害者（約四万人）の死亡率は一七・五パーセント（約七〇〇〇人）なので、『日満商事調査統計月報』の「鉱山労務者採用後期間別死亡者加重比率表」に記されている就労から一年で約九割という平均死亡率は、桁違いと言えるくらいに高い。しかし、一四の事業所の、一九四三年の前半という特定の期間における「一年で約九割が死亡」ということの統計は、もちろん厳然たる事実ではあるが、日中一五年戦争の全期間を通した「満州国」全体の一般的な情況を示していると解釈するのは（明確な根拠を私は知らないが、直感的に）無理のように思われる。

次に、強制労働被害者の死亡率が分かる別の事例を見てみよう。

一九三二年に「満州国」をでっちあげ中国東北部を支配した日本は、「満州国」防衛と近い将来に想定されるソ連との戦争に備えるため、「満州国」北辺のソ連との国境沿いに、大規模な日本軍（関東軍）要塞群の構築を一九三四年から進め、東寧要塞・虎頭要塞・ハイラル要塞など十数カ所の巨大な要塞群を建設・構築する。[注20]

これらの要塞群の構築のため、関連の土建工事を含め全体で三二〇万人余の中国人が労工として徴用され、貧弱な食事など劣悪な生活環境の下で過酷な労働を強制され、一〇〇万人余が死亡した。[注21]この、ソ満国境沿いにおける日本軍要塞群の構築に徴用された三二〇万人余の強制労働被害者の死亡率はおよそ三割ということになる。

ともあれ、侵略者として中国に土足で乗り込んだ日本企業と日本軍は、周囲の目を気にせず、日本国内の事業所に比べはるかに好き放題に中国人労工を酷使することができただろうし、理不尽に虐待することも人目を気にせずにできただろう。それゆえ、中国本土における強制労働の被害者の死亡率が、日本国内に連行されてきた約四万人の中国人強制労働被害者の死亡率一七・五パーセントより低いということはないだろうと思う。

そこで、仮に、中国本土における約四〇〇〇万人の強制労働被害者の死亡率を、二割から三割くらいだと（低目に）見積もると、中国本土における強制労働で一〇〇〇万人近くが死亡していることになる。

日本国内（内地）に強制連行されてきた四万人の中国人被害者のうち七〇〇〇人が命を奪われたことは日本でもよく知られている。しかし、中国本土（大陸）で強行された強制労働における一〇〇〇万人規模の犠牲者（死者）のことは、今の日本で中国人強制連行・強制労働に関心を持つ人でもほとんどが認識していないように思われる。その情況を残念に思うのと同時に、なんとか変えなければならないと思う。

万人坑——「人捨て場」

さて、中国本土における強制労働で命を奪われた一〇〇〇万人規模の膨大な数になる中国人犠牲者の遺体は、それぞれの事業所に近い山間地など人目につかない辺鄙な場所にまとめて捨てられ、それぞれの事業所毎に「人捨て場」が作られた。この「人捨て場」を中国の人たちは万人坑（まんにんこう）と呼んでいる。

このような「人捨て場」たる万人坑は、かつて「満州国」として日本が占領支配した東北部から亜熱帯の南洋に浮かぶ海南島にまで至る広大な中国の各地に、数えきれないほど、それこそ星の数ほど作られたのだろう。そして、日本の敗戦から七十余年を経た二一世紀の今も万人坑は数えきれないほど現存している。主要な万人坑では、犠牲者の遺体を埋めた（捨てた）現場が発掘されて大切に保全され、巨大で近代的な博物館や資料館を備える追悼施設（教育基地）として整備され何十カ所もが公開されているので、誰でも（もちろん日本人も）いつでも万人坑を確認することができる。

また、宣伝になり恐縮だが、中国人強制連行・強制労働と万人坑に関わる六冊の書籍を私は出版している(注03)・(注22)〜(注26)ので、それらにぜひ目を通してもらえればと思う。

（お断わり）本書第二部は、青木茂著『万人坑に向き合う日本人——中国本土における強制連行・強制労働と万人坑』（花伝社、二〇二〇年）の第一章の一部をほぼそのまま転載している。

第二部　注記

（注01）西成田豊著『中国人強制連行』東京大学出版会、二〇〇二年
（注02）杉原達著『中国人強制連行』岩波書店、二〇〇二年
（注03）青木茂著『華南と華中の万人坑――中国人強制連行・強制労働を知る旅』花伝社、二〇一九年、二三七頁
（注04）高嵩峰・李秉剛編著『走过地狱――日本侵华期间幸存劳工的回忆』東北大学出版社（中国-瀋陽）、二〇一三年、二三六頁
（注05）高嵩峰・李秉剛編著『私は地獄へ行ってきた――中国東北部、旧日本軍占領地区の生存労工の記憶』遼寧大学出版社（中国-瀋陽）、二〇〇九年、二六九頁
（注06）笠原十九司著『日本軍の治安戦――日中戦争の実相』岩波書店、二〇一〇年、一三一頁
（注07）中央档案館・中国第二歴史档案館・河北省社会科学院編『日本侵略華北罪行档案2戦犯供述』河北人民出版社（中国-石家庄）、二〇〇五年
（注08）笠原十九司著『日中戦争全史』上・下、高文研、二〇一七年、下巻二五九頁
（注09）（注06）二一七頁
（注10）（注03）二〇四頁
（注11）李秉剛著『万人坑を知る――日本が中国を侵略した史跡』東北大学出版社（中国-瀋陽）、二〇〇五年、一一〇頁
（注12）（注11）一一三頁
（注13）（注11）一五三頁
（注14）（注03）六二頁
（注15）（注03）一一頁
（注16）斉藤日出治著『日本の海南島侵略（1939-45年）軍事占領から空間の総体的領有へ』大阪産業大学経済論集5

（3）、71-88、2004-06-30
（注17）柴田善雅著『海南島占領地における日系企業の活動』大東文化大学紀要44号、一三三―一七〇頁
（注18）（注05）二六七頁
（注19）（注04）二三五頁
（注20）関東軍要塞群については次の資料などを参照
徐占江・李茂傑編『日本関東軍要塞（上・下）』黒龍江人民出版社（中国-ハルピン）、二〇〇六年
高暁燕・宋吉慶・他著『東寧要塞』黒龍江人民出版社（中国-ハルピン）、二〇〇二年
黒龍江省革命博物館・東北烈士記念館日本関東軍〝満〟ソ国境陣地遺跡考察団著、森川登美江訳『日本関東軍〝満〟ソ国境陣地に対する初歩的な考察と研究（上）』「北方文物」一九九五年第三期総第四三期
（注21）（注11）一二〇頁
（注22）青木茂著『偽満州国に日本侵略の跡を訪ねる』日本僑報社、二〇〇七年
（注23）青木茂著『万人坑を訪ねる――満州国の万人坑と中国人強制連行』緑風出版、二〇一三年
（注24）青木茂著『日本の中国侵略の現場を歩く――撫順・南京・ソ満国境の旅』花伝社、二〇一五年
（注25）青木茂著『華北の万人坑と中国人強制連行――日本の侵略加害の現場を訪ねる』花伝社、二〇一七年
（注26）青木茂著『万人坑に向き合う日本人――中国本土における強制連行・強制労働と万人坑』花伝社、二〇二〇年

（補足）より詳しく知りたい人のために

本書で紹介している万人坑と強制労働の現場は、次の書籍（著者はいずれも青木茂）で紹介しています。

①『偽満州国に日本侵略の跡を訪ねる』日本僑報社、二〇〇七年
②『万人坑を訪ねる——満州国の万人坑と中国人強制連行』緑風出版、二〇一三年
③『日本の中国侵略の現場を歩く——撫順・南京・ソ満国境の旅』花伝社、二〇一五年
④『華北の万人坑と中国人強制連行——日本の侵略加害の現場を訪ねる』花伝社、二〇一七年
⑤『華南と華中の万人坑——中国人強制連行・強制労働を知る旅』花伝社、二〇一九年
⑥『万人坑に向き合う日本人——中国本土における強制連行・強制労働と万人坑』花伝社、二〇二〇年

本書に収録している各々の万人坑と強制労働の現場についてより詳しく知りたいと思われる方は、次に示す書籍（丸囲み数字で表示）の当該ページを参照してください。

01—ハイラル要塞万人坑—①一五頁・③一六五頁
02—鶴崗炭鉱万人坑—②二三〇頁
03—鶏西炭鉱万人坑—②二〇一頁
04—東寧要塞万人坑—②一七〇頁
05—板石炭鉱万人坑—①一二九頁
06—老頭溝炭鉱万人坑—①一三六頁
07—豊満ダム万人坑—①一六八頁・②一四〇頁

08—遼源炭鉱万人坑—①一五三頁・②一二四頁
09—石人炭鉱万人坑—②一一九頁
10—撫順炭鉱万人坑—⑥二一七頁
11—阜新炭鉱万人坑—②五五頁・⑥一九六頁
12—北票炭鉱万人坑—②六八頁・⑥一九九頁
13—本渓炭鉱鉄鉱万人坑—②八七頁・⑥二〇八頁
14—弓長嶺鉄鉱万人坑—②八二頁・⑥二〇五頁
15—大石橋マグネサイト鉱山万人坑—①一〇四頁・②七六頁・⑥二六頁・五一頁・八四頁・二〇三頁
16—金州龍王廟万人坑—⑥二二七頁
17—龍煙鉄鉱万人坑—④三八頁
18—大同炭鉱万人坑—④一四頁
19—白家庄炭鉱万人坑—④二一三頁
20—井陘炭鉱万人坑—④一四一頁
21—石家庄集中営万人坑—④一一六頁
22—塘沽集中営万人坑—④八二頁
23—淮南炭鉱万人坑—⑤二〇四頁
24—石碌鉄鉱万人坑—⑤四二頁
25—八所港万人坑—⑤二四頁
26—南丁千人坑—⑤五一頁
27—田独鉱山万人坑—⑤六二頁
28—陵水后石村万人坑—⑤七四頁

あとがき

主に日中一五年戦争時に、侵略者である日本の軍隊や民間営利企業により命を奪われた中国人犠牲者の遺体がまとめて埋められた「人捨て場」・万人坑《まんにんこう》は、二一世紀の今も中国全土に数えきれないほど現存している。そして、その万人坑を万人坑だと意識して初めて私が訪れたのは、内蒙古自治区のハイラル近郊にある沙山万人坑で、二〇〇〇年五月のことだ。

その沙山万人坑は沙山の沙漠地帯にあり、ハイラル要塞建設工事の強制労働で命を奪われ遺棄された中国人犠牲者の遺体（遺骨）が半世紀余もそのまま放置されてきた。そして、遺体が遺棄されてから五〇年以上もの年月を経ている二〇〇〇年五月のその時にも、沙漠地帯に特有の強風が吹くたびに犠牲者の新たな遺骨が砂の中から地表に次々と姿を現わしていた。沙山万人坑のそんな惨状は、私の脳裏に強烈な擦痕を残した。

ハイラル沙山万人坑を訪れ、中国本土における強制労働と強制労働が生み出した万人坑の惨劇に衝撃を受けた私は、それから二〇一九年までの二〇年間に四二カ所の万人坑を現地で直接確認してきた。その中には、何度も繰り返し訪れたところもある。そして、万人坑という名が示す通り、多くの万人坑のそれぞれで犠牲者数が万人の単位になることや、日本の民間営利企業が中国人被害者に強要した強制労働が万人坑を生み出す主要な原因になっていることを学んだ。

それで、本書に何度も名前を記している李秉剛《リビンガン》さんは、日本の民間営利企業が強制労働による過労や虐待で（直接には武器を用いないで）死亡させた中国人犠牲者を埋めた人捨て場と共に、日本軍により武力（武器）で殺害された中国人犠牲者が遺棄された人捨て場も万人坑だと定義している。

そして本書では、私が現地で確認した、李秉剛さんの定義に含まれる四二カ所の万人坑のうち、日本の民間営利企業が強行した強制労働により命を奪われた犠牲者が埋められている二八カ所の万人坑と強制労働の現場を紹介している。本書を通して、侵略の本質である経済的略奪（金儲け）に直接関わる中国人強制連行・強制労働について加害国の日本で認識が広まり、日本の加害責任に対する理解が深まることを期待したい。

さて、新型コロナウィルスの蔓延により、二〇二〇年以降は国境を越える移動が世界中で制限され、私も二年以上も渡航あるいは訪中ができないでいる。ハイラル沙山万人坑を初めて訪れた二〇〇〇年から二〇一九年までの二〇年間は、サーズ騒動で訪中できなかった二〇〇三年を除いて毎年訪中していたことを思うと隔世の感を禁じ得ない。そして、中国をはじめとする海外と自由に往来できる普通の日々が早く戻ってくることを願っている。

そんな日常が戻ってきたら、中国の万人坑と強制労働の現場を訪ねる旅にいっしょに出かけませんか。

二〇二二年一月

青木　茂（あおき　しげる）
平和を考え行動する会・会員
撫順の奇蹟を受け継ぐ会・会員
日本中国友好協会・会員
長良川河口堰建設に反対する会・会員
アイヌとシサムのウコチャランケを実現させる会・会員
NPO 法人ナショナルトラスト＝チコロナイ・会員

著書
『日本軍兵士・近藤一 ――忘れえぬ戦争を生きる』風媒社、2006 年
『二一世紀の中国の旅――偽満州国に日本侵略の跡を訪ねる』日本僑報社、2007 年
『万人坑を訪ねる ――満州国の万人坑と中国人強制連行』緑風出版、2013 年
『日本の中国侵略の現場を歩く――撫順・南京・ソ満国境の旅』花伝社、2015 年
『華北の万人坑と中国人強制連行――日本の侵略加害の現場を訪ねる』花伝社、2017 年
『華南と華中の万人坑――中国人強制連行・強制労働を知る旅』花伝社、2019 年
『万人坑に向き合う日本人――中国本土における強制連行・強制労働と万人坑』花伝社、2020 年

中国に現存する万人坑と強制労働の現場――ガイドブック・初めて知る万人坑

2022年４月10日　初版第１刷発行
2024年９月20日　初版第２刷発行

著者 ――― 青木　茂
発行者 ―― 平田　勝
発行 ――― 花伝社
発売 ――― 共栄書房
〒101-0065　東京都千代田区西神田2-5-11出版輸送ビル2F
電話　03-3263-3813
FAX　03-3239-8272
E-mail　info@kadensha.net
URL　http://www.kadensha.net
振替 ――― 00140-6-59661
装幀 ――― 佐々木正見
印刷・製本 ― 中央精版印刷株式会社

ISBN978-4-7634-2005-3 C0036